NO SOLO SED

El libro con el que aprenderás cómo conquistar y enamorar a una mujer.

ADRIAN RODRIGUEZ

Título original: NO SOLO SED
Autor: Adrián Rodríguez Palacios
Primera edición: Diciembre 2011
ISBN: 978-84-92428-62-5
Depósito Legal: M-48358-2011
Impreso por Lulu.com
Idioma: Castellano

"Procuremos más ser padres de nuestro porvenir que hijos de nuestro pasado". *Miguel de Unamuno.*

ÍNDICE

TESTIMONIOS

Hombres que han aprendido este libro antes de que fuera publicado, y que han asistido a algún curso de la escuela de seducción que he fundado

Resumo mi experiencia con Adrián, y sus enseñanzas como increíble. No me esperaba que esto pudiera existir y mucho menos que me cambiara tanto la vida. Actualmente tengo una vida sexual bastante emocionante y que jamás habría imaginado que podría tener ☺. *Pedro*

El día que conocí a Adrián me llamó la atención, me esperaba alguien más soberbio, pero me sorprendió gratamente cómo fue capaz de combinar los conocimientos que enseña, con la cercanía que trasmite. En definitiva, mi nota tanto por los conocimientos adquiridos, como por la experiencia vivida, un diez, insuperable. *Jose M.*

Yo conocí esto de la seducción porque me lo aconsejó un amigo, tras romper con mi exnovia. La verdad es que todo esto me ayudó. La claridad de lo que me explicó Adrián, junto con la manera de explicarlo que tiene y de llegar a la gente, hicieron que pasara una de las mejores experiencias de mi vida. Ahora tengo muchas "amigas", pero no se lo digáis a nadie XD *Dani.*

He aprendido un arte, o ciencia, no sabría cómo calificarlo digna de impartir en los colegios. ¡Por fin entiendo qué les pasa por la cabeza a las mujeres, y me divierto con ellas! En principio me pareció muy complicado, pero poco a poco, y gracias a mi buen maestro Adrián, me ha resultado bastante sencillo. No sé cómo agradecerle lo que ha cambiado mi vida. Gracias. *Javier*

He de reconocer que para mí entender a una mujer era como intentar entender el chino. Sé que he sido de los alumnos más lentos de Adrián, pero he de agradecerle su paciencia y dedicación, pues al final he conseguido lo que quería. Entiendo a las mujeres y encima, sé cómo atraerlas y pasarlo bien con ellas.

Francamente, esto ha sido un cambio brutal en mi vida. Ahora sé que formaré una familia algún día, y que sabré trasmitir todo lo que he aprendido a mi gente. Gracias Adrián por hacer las cosas tan fáciles. *Juan M.*

PRÓLOGO

¿Quién es Adrián Rodríguez?

En realidad lo importante no es quién soy, sino lo que sé y lo que te voy a enseñar. Sin embargo, te contaré brevemente cómo me ha ido con las mujeres en mi vida. Aunque es evidente, que no muy bien, ya que si mi vida hubiera sido como la de Don Juan o la de Giacomo Casanova, no me hubiera ocupado en aprender todo lo que actualmente sé.

Mi inquietud sobre las mujeres empezó prematuramente, y con ello mis errores. Desde muy joven empecé a examinar por qué preferían las niñas al malo de la clase, en lugar de al otro que las trataba bien.

Un día empecé a dejar de observar e intentar conseguirlas yo, y seguía ocurriendo lo mismo. Intentaba hacerme amigo de ellas y no había manera; las trataba muy bien, como me decía mi madre que hiciera; le decía a ella -o le hacía saber- que me había enamorado, y tampoco; intentaba hacerme amigo de la amiga fea y así tampoco, pues para uno que parecía tener interés en ella, la guapa (la que me gustaba de verdad) no iba a estar conmigo; también me precipité mucho llamando, escribiendo mensajes, haciendo planes...; y también, por supuesto, por ser bueno me convertí demasiadas veces en su "amigo", con el que jamás se liaría porque quiere como a un hermano.

En definitiva, he cometido prácticamente todos los errores que se pueden cometer, y gracias a ello he ido corrigiéndome a mí mismo poco a poco.

Tuve la suerte en el 2005 de descubrir el mundo de la seducción. Y desde entonces he estudiado los mejores libros de seducción escritos a nivel mundial, los he puesto en práctica durante años, cogiendo lo mejor de cada uno de ellos y por consiguiente perfeccionando mi técnica.

También he avanzado en el estudio de la seducción basándome en mis propias experiencias, experiencias de los demás, y conocimientos autodidactas sobre: psicología del aprendizaje, ansiedad, fobia social, negociación, marketing, lenguaje del cuerpo, dinámicas sociales, antropología, pedagogía, manejo de las emociones, programación neuro-lingüística (PNL), habilidades sociales, e hipnosis.

En resumen, llevo más de seis años de estudio, y más de catorce años interactuando y examinando cada una de mis prácticas con las mujeres, así como las de los demás. Por eso he decidido que era el momento de compartir con el mundo todo aquello que he aprendido. Lo que hago es acortar radicalmente y facilitar al máximo el camino a otros, que como a mí me pasaba, no disfrutan del éxito con las mujeres que merecen.

Con mi ayuda no necesitarás los mismos años que yo para aprender, ni te caerás la décima parte de lo que yo lo he hecho. Lo conseguirás todo en un tiempo récord.

Para ello he escrito este libro, y he fundado la mejor escuela de seducción (www.comoenamoraraunamujer.club) donde imparto cursos, junto con los mejores instructores pues sé que reúnen las cualidades idóneas para enseñarte como conquistar y enamorar a una mujer.

INTRODUCCIÓN

PARTE 1. Si eres nuevo en el mundo de la seducción, o algo escéptico en cuanto al tema, o incluso crees que esto es de "frikis", aquí tienes estas cinco páginas, que seguro responderán a algunas de tus dudas.

EL ESTUDIO DE LA SEDUCCIÓN YA TIENE HISTORIA

Desde el principio de los tiempos, tanto el tema del amor, como el del sexo han estado muy presentes en la literatura mundial, pero el primer libro conocido de la época moderna específico sobre el tema de la seducción data de 1970 *Cómo ligar chicas* de Eric Weber.

Décadas después nació lo que se conoce como la "comunidad de seducción". Ésta es una subcultura de hombres, que quieren mejorar su éxito con las mujeres. Los miembros de la comunidad a menudo se hacen llamar artistas del ligue (PUA en inglés), o maestros de la seducción (MDLS).

El origen de la comunidad de la seducción comienza con Ross Jeffries, quien promueve una serie de técnicas de programación neuro-lingüística (PNL) que llamó "seducción de velocidad".

Por la complejidad de las técnicas de Ross Jeffries, un canadiense bajo el seudónimo "Mystery" empezó a hacerse conocido por sus intervenciones en el foro de "fastseduction". Fue Mystery quien sacó una de las primeras alternativas a las complejas técnicas de Ross Jeffriess. Esto hizo que muchos empezaran a interesarse por sus teorías.

En el 2001, otro discípulo de Jeffriess, bajo el pseudónimo de "David DeAngelo", se separó y desarrolló una alternativa a Ross Jefriess y Mystery.

Por otro lado, empezó después a destacar un PUA bajo el pseudónimo de "Juggler", también miembro de la comunidad de Jeffriess. Fue, después de Mystery, el segundo en impartir talleres prácticos en Estados Unidos, con su método propio.

Esta Comunidad de Seducción pasó a ser mundialmente conocida en 2005 a través del periodista y escritor Neil Strauss, bajo el pseudónimo de "Style".

En 2005, Neil Strauss, discípulo de Mystery, escribió *The Game*, (traducido como *El Método*). El libro llegó a la lista de best sellers del *New York Times*.

En este libro cuenta su experiencia de cómo se introdujo y comenzó a formar parte de "la comunidad seducción".

Con el paso del tiempo, otros PUA emergieron con métodos diferentes, y se hicieron conocidos como "gurús de la seducción" o "gurús".

LAS 7 PREGUNTAS MÁS FRECUENTES Y UNA MÍA PARA TI

¿Esto qué es? ¿Un método?

No es un método propiamente dicho ni son trucos en sí. El comportamiento humano sigue unas pautas genéricas en todos los ámbitos como por ejemplo en la amistad.

Nadie se comporta igual el primer día que conoce a una persona como después de una amistad de tres años; hay unas pautas de confianza, pasar tiempo juntos, etc.

Por lo que la seducción no se escapa a estos.

La seducción, al igual que las entrevistas de trabajo, trata de explotar tus puntos fuertes.

Más que un simple método estático es un amplio esquema con numerosas varianzas. Con la seguridad de ser un esquema, pero con lo bonito y emocionante de tener innumerables opciones.

¿Funciona siempre?

Esta habilidad es comparable al fútbol. Aprendiendo a tirar a portería, el más novato tirará fuera, pero hasta el más profesional tira fuera también. Nadie es perfecto.

Además, hay cosas que influyen y que se escapan de nuestras manos, como son: que tenga ella un mal día, que su amada amiga enferme y tenga que llevarla a casa, que tenga novio y le importe, etc.

¿Entonces lo que haces es cambiar a la gente, no?

Lo más común que cambiarás será tu inseguridad a la hora de hablar con mujeres, y la confianza en ti mismo. Básicamente te enseñaré a sacar tus puntos fuertes.

Por ejemplo, hay gente que malgasta el dinero, no son capaces de ahorrar e intentan cambiar eso de alguna manera. No cambiando la persona en sí, sino esa parte que él quiere cambiar. Pues en este caso es igual.

Una persona puede dedicarse a dar congresos, y temer hablar con una mujer que le atrae. Sin embargo, otro puede ser una persona muy segura de sí misma en este ámbito, y muy insegura a la hora de hablar en público.

¿Hay que fingir ser otro para ligar?

Jamás. No enseño esto, ya que enseño a ser capaz de seducir siendo uno mismo, es decir, aprendiendo a sacar lo mejor de ti, como ya te comenté anteriormente.

Esto es primordial que lo sepas, ya que una mujer no es capaz de conocerte en cuestión de segundos, o minutos, así que no te rechaza a tí, sino tu actitud.

Nadie se comporta igual con su familia, con sus amigos, con su jefe, o con la persona que le atrae. Somos la misma persona en todas las situaciones, pero con actitudes distintas.

Parte de lo que te voy a enseñar, es a tener la actitud irresistible que atrae a todas las mujeres.

¿Cualquiera puede conseguir a cualquiera?

No exactamente, pero es sorprendente lo que la misma persona con una actitud u otra es capaz de llegar a lograr.

He realizado una gráfica que te dejará esto más claro en la página 27.

¿Esto no es un poco machista?

Para nada.

Te voy a enseñar a que estés a la misma altura que la mujer. De hecho, parte de mis enseñanzas son para que en esas ocasiones en que la mujer te da una mala contestación, sepas levantarte y quedarte a su altura. Ya que si intentaras pisotearla o quedar por encima, ella lo notaría y te vería como una mala persona a quien no merece la pena conocer.

Quedándote así, sin la oportunidad de seducirla a ella, o a alguna amiga.

Por otro lado, no tenemos en cuenta esas malas contestaciones, porque sabemos que se ponen una máscara o coraza para protegerse de los típicos hombres pesados.

Pero si aprendes esto ya no eres natural, ¿no?, yo prefiero que surja.

¿Eres de los que preguntaría esto? Enhorabuena entonces, la vida te ha tratado bien, no tienes problemas para relacionarte con la gente, y aunque tu vida sexual y sentimental no sea extraordinaria, puedes conformarte con ello.

He conocido mucha gente que dice esto, como una máscara por miedo al fracaso. Pero nadie te conoce mejor que tú.

Ahora te quiero hacer algunas preguntas que te ayudarán a reflexionar: ¿sabes que existe la fobia social? ¿Sabes que hay gente que no se atreve a pedir la hora a un anciano?

Bueno, pues esta gente se esfuerza, salen de lo que para ellos es natural (no preguntarla aunque quieran saberla) y se obligan a preguntar la hora. ¿Te has dado cuenta? Ellos empiezan haciendo artificial (pedir la hora), algo que para ti es natural.

Y para terminar, una cosa más: Cuando aprendiste a conducir ¿lo hacías naturalmente porque naciste sabiendo? ¿O fue algo que aprendiste, automatizaste y ya te sale de forma natural?

Mi pregunta para ti

¿No es una pena que dos personas que podrían hacerse muy feliz el uno al otro, amorosa y/o sexualmente, pasen por delante de sus ojos sin ni siquiera saber que existen y solo por el simple hecho de que él no sabe cómo hacerlo, no se atreve o tiene una actitud equivocada?

NO CONFÍO EN EL DESTINO (una reflexión mía)

Por mi experiencia este no siempre nos pone las cosas muy fáciles.

Imagina lo siguiente: vas por la facultad, te vas a la biblioteca a estudiar y resulta que el único sitio libre para sentarte es al lado de la mujer que te gusta. Después, además, se te olvidó el subrayador y se lo pides. Te lo deja y ves que está estudiando lo mismo que tú. Os ponéis juntos a estudiar porque justo el problema que estás haciendo no le sale y te pide que se lo expliques. Luego os lleváis bien y quedáis para estudiar otro día. No la llamas porque te dejaste el móvil en casa de un amigo. Y eso a ella le llama la atención. ¡Vale! Hasta aquí el destino te ha echado un buen cable.

Pero...¿Y si no te hecha este gran cable qué? ¿Dejas que esa mujer pase sin ni siquiera conocerla? ¿Y si es la madre de tus hijos? ¿Qué pena no?

Te he contado muy brevemente cómo podríais llegar a conoceros, después el destino tendría también que encargarse de que no la fastidiaras, ya que no sabes bien lo que estás haciendo.

Yo prefiero controlar en lo posible mi destino.

Prefiero enterarme de que va a estudiar ahí, sentarme cerca, dejarme el subrayador en casa y propiciar el proceso, porque sé cómo se hace y así quizás, no dejar pasar a la madre de mis hijos, la que me hará feliz toda mi vida. O simplemente, disfrutar con una mujer que me gusta, así como hacerla disfrutar de mi compañía también.

PARTE 2. Esta parte es para ti si ya conoces algo del mundo de la seducción, o si acabas de llegar a él y tienes ganas de aprender.

En este libro vas a leer cosas que se aplican, no sólo a la seducción, sino a muchos ámbitos de tu vida, como tu trabajo, amigos, familia... porque hay muchas cosas que están unidas en mayor o menor medida, como por ejemplo: si eres una persona que le cuesta hablar con un desconocido y llegas a hablar con una desconocida que te atrae, ya no tendrás problemas en hablar con cualquiera.

Ten muy en cuenta que por mucho que Pau Gasol se supiera las normas del baloncesto y cómo se entrena, si no le hubiera echado horas jamás hubiera llegado a donde está.

Si eres constante y haces todo lo que te indico (ejercicios, estudiar y practicar), al final de este libro a parte de aprender cómo ser un maestro de la seducción, tendrás la confianza en ti mismo necesaria para serlo.

Durante este viaje seré tu copiloto de autoescuela y en cuanto interiorices todo lo que vas a aprender, entonces podrás dejar el libro y conducir solo. Por supuesto, cuanto más conduzcas mejor lo harás, pudiendo convertirte en un Fernando Alonso de la seducción.

Soy consciente de que comprarse un libro de seducción es difícil para un hombre, pero una vez que lo has hecho, es decir, ahora que ya lo has hecho no dejaré que te pase lo que he escuchado y visto tantas veces.

Mucha gente los lee y se queda diciendo: "¡Qué razón tiene!" ¡Pero no hacen nada! ¡No dan el paso! Es por esto por lo que la quinta parte de este libro no habla casi de seducción, sino de ejercicios de psicología que podrás aplicar a la seducción y a otros ámbitos de tu vida, como te comenté anteriormente.

Todo gran viaje siempre empieza por un paso, y ya has dado el primero adquiriendo este libro.

¿Cuánto voy a tardar más o menos en aprender todo lo que necesito?

Cada uno es un mundo, por supuesto, y también depende del tiempo que le dediques. Pero si llevas los ejercicios de la quinta parte al día, desde que empieces a hacerlos, como máximo tardarás unas tres semanas en ver enormes resultados. No obstante, ya solo con leerte este libro te voy a quitar una venda de los ojos que quizás ni eres consciente que tienes.

Eso sí, has de ponerle ilusión, y hacer todos los ejercicios que te sean necesarios con regularidad, si realmente quieres llegar a ser un auténtico seductor.

Aunque hayas estado tres semanas haciendo los ejercicios, no dejes de hacerlos una vez pasadas las tres semanas, sobre todo aquellos que mejor te han ido. Ponle ganas y verás resultados increíbles.

Recuerda que: *"Para empezar un gran proyecto, hace falta valentía. Para terminar un gran proyecto, hace falta perseverancia" (Thonatihu).*

Ahora te voy a dar un consejo antes de empezar el libro, para sacarle el máximo provecho.

Léete el libro tranquilamente y disfrútalo. Es verdad, seguramente te lo hayas terminado antes de lo que pensabas. Apenas te llevará una semana. Pero entonces, vuelve a leértelo una segunda vez.

Sí, una segunda vez; y ve tomando apuntes, subrayando y demás. Haz tus propios resúmenes. Tienes todo mi permiso para pintarrajear el libro, colorearlo, tomar notas, y lo que necesites.

Tómate este libro, no como un libro de lectura normal y corriente, sino como un libro que deberían haberte dado en el colegio y no te dieron (mejor dicho, no nos dieron a ninguno), donde subrayas, estudias y haces anotaciones y resúmenes.

Mientras te lo lees por segunda vez, ve haciendo los ejercicios que te puse en la quinta parte. Y empieza a practicar, si no has empezado ya.

Una vez subrayado y hecho tanto los resúmenes como los ejercicios, léetelo una vez más para que no se te olvide nada. Completa y estudia tus resúmenes hasta que tengas todos los conceptos perfectamente memorizados. Y sigue practicando.

Léete este libro cada dos meses y verás como conceptos que pasaste por alto, las anteriores veces que te lo has leído, cobran más sentido tras un tiempo de práctica.

Ten muy en cuenta que este puede ser el libro más importante que te vayas a leer en tu vida y del que mayor provecho saques.

Pero lo más importante de todo es practicar, y divertirte haciéndolo.

Y no olvides que: *"Nunca se ha logrado nada sin entusiasmo"* (Emerson)

Y que: *"Saber no es suficiente, tenemos que aplicarlo. Tener voluntad no es suficiente, tenemos que implementarla"* (Gohete).

Yo te voy ayudar a que cambies o mejores lo que necesites para ser un auténtico seductor, pero tú solito serás quien lo cambie, sé consciente siempre de que EL MÉRITO ES SOLO TUYO.

QUE BUSCA SU INSTINTO ANIMAL EN UN HOMBRE

Desde que empezamos a vivir en manadas, en todas, siempre los hombres más deseados fueron los mismos.

Piénsalo, seguro que sabes a quienes me refiero. Sí, me refiero al mejor cazador, al mago, al jefe de la manada..., es decir, al macho alfa o uno de los machos alfa (MA).

¿Por qué piensas que podrían preferirlo a él antes que a otro?

Pues básicamente porque somos animales y como tal buscamos la supervivencia y la reproducción, y nadie mejor que el macho alfa va a cubrir estas necesidades.

¿Y esto que tiene que ver con la actualidad?

Actualmente seguimos viviendo en manadas. A su misma vez dentro de muchas de éstas, hay más mini-manadas. Por ejemplo:

Si vas a un concierto ya estás dentro de una gran manada ¿Quién crees que es o son los MAs de esta? Pues el grupo que toca. Y, a su vez, tú estás en una mini-manada (tus amigos) al lado de otras (otros grupos de gente). Pues así constantemente, en el trabajo, en una conferencia, en un bar...

Puedes pertenecer a la de los hippies a la misma vez que, cuando vas a un bar a tomar algo estás en la que es el bar entero, y otras pequeñas como la gente con la que estás.

Otro ejemplo de éstas serían los pijos, los modernos, antisistema...y evidentemente el MA de la manada de una pija no es el mismo que el de una hippie. Por supuesto esto no quiere decir que una pija no pueda liarse con un hippie o cualquier otro que no pertenezca a su misma manada.

Nota: a partir de ahora, verás una serie de tecnicismos para facilitar tu aprendizaje que están definidos en el glosario (véase página 189). Estos tienen un asterisco sobre ellos. Por ejemplo: aven*.

1ª PARTE

CONCEPTOS A TENER EN CUENTA DURANTE TODA LA ESCALADA*

¿Para qué necesitas saber tú esto?

Pues porque a parte de comprender qué quieren, por qué y cómo dárselo, has de tener la mentalidad adecuada para llevarlo a cabo.

Lo más importante de todo esto (la seducción) y lo que más te va a costar es grabarte a fuego la mentalidad que has de tener para atraer a las mujeres. Grábalo en tu subconsciente y las atraerás sin darte cuenta.

Si realmente tienes esta mentalidad, una vez termines de leer este libro sólo tienes que practicar y memorizar lo aprendido. Bueno, y sentirte muy afortunado porque perteneces al 0,1% de la población, o menos, a la que la vida le ha dado esta mentalidad.

Si, como yo, no has tenido esta gran suerte, haz los ejercicios de la quinta parte.

Mentalidad aven

- No me incomoda, ME ENCANTA hablar con mujeres

- YO SOY EL PREMIO, por lo tanto soy difícil de conseguir.

- MI VIDA SEXUAL NO ME PREOCUPA

Para que te quede más claro te voy a dar una imagen mental:

Aquí escoge la que mejor se adapte a tu personalidad, algo que te guste y seas exigente eligiendo. Yo te pongo un ejemplo con ir a comprar fruta al supermercado:

Vas por el supermercado y no hay ningún cristal que te impida coger lo que más te guste. (Este cristal que nombro, es el que te deja ver a través de él a las mujeres que te gustan, pero te impide acercarte).

Escoges tú la fruta *(tú eres el premio, así que tu eliges)* y como vas con el carro lleno *(tienes mujeres con las que ya te acuestas),* o con un carro que sabes que vas a llenar *(sabes perfectamente que aunque no tengas ninguna mujer con la que te acuestes, al final la tendrás, por lo tanto tu vida sexual no te preocupa)*, pues examinas la fruta que te llamó la atención *(te diviertes porque te encanta hacerlo)* y por eso la cogiste.

La miras bien *(empiezas a conocer a la mujer)* y si no te gusta *(se porta mal, o hace algo que no te gusta),* la dejas y coges otra, si te gusta, pues para el carro.

En resumen:

- No me incomoda ir a comprar fruta (no hay cristal), sino que ME ENCANTA

- Yo soy el que está comprando, por lo tanto, yo elijo, YO SOY EL PREMIO. Y como yo soy el premio no me esfuerzo por impresionarla (o eso debe creer ella).

- Si al girarla y examinarla tiene algo que no me gusta, no me importa, la dejo y voy a por otra. Mi carro está lleno. MI VIDA SEXUAL NO ME PREOCUPA. Me da igual si me acuesto con ella o no. Mi objetivo no es acostarme con ella, sino divertirme y perfeccionar mi técnica poco a poco.

Imagina lo que mejor te venga, si eres exigente escogiendo películas cuando vas al videoclub, pues imagina que estás en el videoclub escogiendo películas. Adapta el ejemplo a ti.

Actitudes que reflejan esto: cálido, seguro, positivo, alegre, relajado, curioso, ingenioso, agradable, participativo.

Actitudes que reflejan lo contrario: enfadado, impaciente, aburrido, irrespetuoso, engreído, pesimista, ansioso, grosero, vengativo, miedoso, dubitativo.

Ejemplo de un breve diálogo donde él muestra tener esta mentalidad, respondiendo como un auténtico maestro de la seducción:

Situación: ella conduce y aven va de copiloto. De repente él sube el volumen de la música en un semáforo donde acaban de parar, se baja del coche y se pone a bailar en la calle. Una vez el semáforo se pone en verde, se mete en el coche y ocurre lo siguiente:

Ella (bromeando) - como te vuelvas a bajar del coche así, que sepas que no te monto más.

¿Qué hubiera dicho el típico tío? Algo como: - vale, vale, ya no lo hago más, jeje.

¿Y qué respondió él? Esto: - no pasa nada, pues te monto yo, jeje - (ha sido diferente, rápido en su contestación y además ha aprovechado para sexualizar*)

Ella: - ¡bahh! Tampoco será para tanto - (ella sigue bromeando e intenta dejarlo callado, como parte del juego, o a ver si contesta como el típico tío).

¿Aquí que respondería el típico hombre?: - eso es porque no lo has probado, jeje -. O algo similar.

Lo que respondió el aven fue: - bueno montarse aquí es como en la noria, hay a quien le impresiona más y a quien le impresiona menos, jeje - (él responde rápido de nuevo, demostrando inteligencia, además es original y gracioso, y sigue sexualizando, creando incluso imágenes en la cabeza de ella).

Fíjate cómo en sus contestaciones él refleja que es un hombre que elije, la ha elegido a ella y se lo dice, porque sabe que él es el premio y que ella lo notará. Muestra seguridad en sí mismo. Además se divierte, le encanta, no le incomoda para nada "jugar" con una mujer que le atrae. Y por último, en la última respuesta le deja claro que su vida sexual no le preocupa, no se va a esforzar por impresionarla o por convencerla de que es una máquina en la cama, le da igual, porque te repito, su vida sexual no le preocupa.

"Si cambias tu forma de pensar, cambiará tu forma de comunicarte; si cambias tus palabras, cambiarás tus acciones; si cambias tus acciones, cambiarás tu hábitos; si cambias tus hábitos, cambiará tu carácter; si consigues cambiar tu carácter, habrás cambiado tu destino."

IMPORTANCIA DE TU FÍSICO PARA LAS MUJERES

Tras muchos años de conocer mujeres, debatir este tema y comprobarlo tanto por mi mismo, como por la gente que me rodea, he llegado a una conclusión que te va a ayudar a que las entiendas un poco mejor.

Con esta gráfica, he querido también demostrarte que, prácticamente, cualquiera puede estar con mujeres hermosas:

Gráfica "FTC"

(Relación entre físico, tiempo y conocimiento)

Esta gráfica representa la importancia del físico para una mujer, para que me entiendas, piensa que estoy hablando solo de una. Llamémosla Shakira.

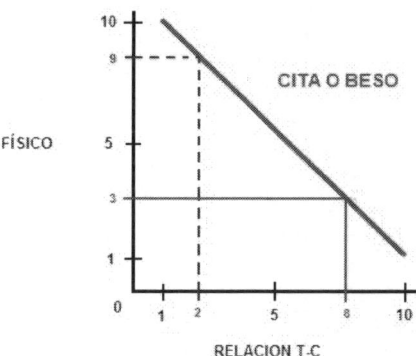

En el eje vertical está la puntuación que su cerebro te da físicamente del 0 al 10, y en el eje horizontal una relación entre tiempo y conocimiento.

El "tiempo", es la duración de tiempo que tienes para atraerla, y el "conocimiento" es el nivel como aven que tienes.

En cuanto a la línea inclinada, es la línea del beso o la cita, es decir, conseguir besar a Shakira o tener una cita con ella. La línea discontinua representa un hombre, llamémosle Piqué, y la línea continua es otro, llamémosle Jose.

Comienzo con el ejemplo: Shakira conoce a Piqué un día, para ella Piqué tiene un físico de 9, entonces él solo tiene que tener un poco de idea de mujeres (nivel bajo como aven), y en un rato de conversación (poco tiempo) ella accederá a tener una cita con él (relación T-C 2).

No obstante, nuestro amigo Jose, es el conductor de la limusina de Shakira siempre que va de gira. Resulta que para Shakira, Jose tiene un físico de 3, pero la ve casi todos los días (bastante tiempo) y además es un maestro de la seducción (gran nivel de conocimiento). Por lo que teniendo tanto tiempo para verla, y ese nivel de conocimiento (relación T-C 8), él también podrá tener una cita o llegar a besarla. Necesitará más tiempo y conocimiento que Piqué. ¡Pero él también puede, que es lo importante!

SENTIRSE ATRAÍDA POR TI NO ES UNA ELECCIÓN (se atractivo)

Los hombres respondemos intuitivamente a ciertos aspectos de una mujer que activan nuestra atracción como, por ejemplo, anchas caderas, forma y tamaño de los pechos, apariencia saludable, pelo brillante…que nos dan a entender que son fértiles. Pues de la misma manera ellas responden a otro tipo de rasgos, y esos rasgos son los "rasgos irresistibles de atracción" (RIAs*), que son los rasgos de la personalidad del hombre más atractivos e irresistibles actualmente.

Esto se hace mediante las demostraciones irresistibles de atracción (DIAs*) Incluye las demostraciones de alto valor (DAVs*), y otras demostraciones más específicas que se incluyen en este libro.

Rasgos irresistibles de atracción (RIAs).

1. Principales (necesarios)

- Difícil de conseguir
- Seguro de sí mismo
- Alfa. (Tienes iniciativa, tu lenguaje corporal abarca espacio…).
- Pícaro (que sabe de mujeres y se divierte con ellas, lo que también le da a entender que eres preseleccionado*).
- Divertido (no un payaso).
- Que haga que ella se sienta relajada (esto es importantísimo, pero para hacerle sentir algo a alguien primero has de sentirlo tú).
- Interesante (tu vida, tus inquietudes, tus aficiones…).
- Imprevisible, con el refuerzo intermitente lo conseguirás (explicado más adelante, véase página 38).

2. Secundarios (que enamoran).

- Estable (que tengas actualmente, o vayas a tener en un futuro, estabilidad económica).
- Discreto (que no va contando por ahí sus intimidades y se puede confiar en él).
- Simpático
- Parecido a ella, es decir, con cosas en común. Si encuentras un tema que os apasione esto facilitará tu escalada. Nos gustan las personas que son como nosotros, que tengamos cosas en común: intereses, actividades, ideas, gustos musicales o de comida, libros, hobbies, deportes, equipo de fútbol, etc.
- Respetuoso (esto tiene que ver, aparte de con lo que lo que la palabra significa en sí, también con lo que se conoce como predestinación, es decir, que la quieres volver a ver, que no solo la querías para un rato). Por ejemplo: -el próximo día te cuento eso-, -ya iremos allí un día-. Pero no te pases con este tipo de frases o pensará que le estás vendiendo la moto.
- Amable y educado
- Ocupado (eres un hombre que no se aburre, o solo ve la televisión).
- Inteligente (pero no un cerebrito que la incomode, aburra o haga sentirse inferior).
- Saber estar (sabes comportarte allí donde estés).
- Comprensivo y empático
- Sincero
- Atento y caballeroso
- Fiel (se entera por alguien, se lo cuentas hablando o se lo das a entender hablando).
- Cercano (sensación de que te conoce de hace tiempo).
- Coherente
- Indiferente, sin mal humor (no te enfadas o la insultas si te contesta mal o cosas por el estilo, te da igual, pues tu vida sexual no te preocupa).
- Tierno o vulnerable (solo en alguna ocasión puntual, esto le inspirará también confianza).
- Cariñoso: consiste en ser una persona cariñosa con ella.
- Tener algún plus: tocar un instrumento, bailar salsa, cantar bien...

Estos rasgos han de verlos reflejados en tu forma de comportarte con ella y con los demás, y en lo que le cuentes y cómo se lo cuentes. Están en orden jerárquico pero alterable. Es decir, el primero para una mujer puede ser el quinto para otra, pero si has de hacer DIAs, haz los principales o no crearás atracción. Y, evidentemente, cuantos más, mejor.

Todas las mujeres quieren exactamente lo mismo pero cada una según su manada. Te explico:

Un científico premio novel le resultará un hombre inteligente a otra científica, pero...¿qué crees que pensará de él una mujer de barrio? Pues así todos los RIAs.

Te voy a contar un estudio relacionado con la característica de "difícil".

Cogieron a niños y niñas pequeños de un colegio y, por separado, uno a uno, los metían en una habitación con dos camiones de juguete idénticos. Pero uno de ellos tenía una mampara de cristal que lo hacía más difícil de coger.

¿Cuál crees que preferían todos, niños y niñas?

Pues el más difícil de coger. Y lo hicieron con niños y niñas pequeños para que viéramos que es algo innato, instintivo.

Para que te des cuenta de la importancia de la característica "difícil", te voy a poner un ejemplo donde aplicar este estudio.

Te gusta una mujer, y sabes que a ella le gustas tú y otro hombre. Bien, perfecto, déjalo a él que haga lo que quiera y sé tú el "camión difícil de coger".

Además, casi seguro que él acaba haciendo algo mal porque no es un aven. ¡Ojo! Si ves que lo está haciendo bien haz algún, o algunos, DIAs sin que parezca que te esfuerzas por ella.

Los rasgos atractivos no puedes llegar y enseñárselos todos, porque estás regalando información que no se ha ganado y te recuerdo que eres un hombre difícil de conseguir.

Si haces esto, estás diciéndole: - mira, me esfuerzo por conseguirte porque soy un "macho beta" -. Una cosa es que lo vea ella y otra cosa muy diferente es que se lo digas tú, y sin ni si quiera haber hecho nada por ganarse saberlo.

Algunas demostraciones irresistibles de atracción (DIAs):

- Hablas y caminas seguro de ti mismo.
- Haces reír (a ella o a la gente que está contigo).

- Dices un comentario inteligente
- Eres educado con ella o con la gente en general
- Cuando surge una situación donde hay que estar serio, lo estás
- Llega alguien a preguntarte algo y le respondes amablemente
- Alguna vez llegas un poco tarde, o te vas antes de donde estés (esto le da a entender que eres un hombre ocupado)
- La sacas a bailar salsa o te ve bailando salsa
- Ve como bajas de tu propio coche
- Te pregunta si te has acostado con una mujer en concreto y le dices que no se lo vas a contar porque eso queda entre esa mujer y tú
- Autodescualificación (le da a entender que eres difícil)
- Técnica del cuentagotas (le resultarás interesante)

Dos utensilios para algunas DIAs:

1. Técnica del Cuentagotas

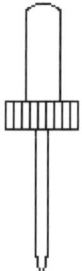

Pon esta imagen mental en tu cabeza: eres un cuentagotas. Si aprieta, entonces sueltas una gota, pero no regalas información porque pierdes atractivo, dejas de ser interesante.

Por ejemplo:

Ella: -¿A qué te dedicas?

Aven: -estoy estudiando fuera - (sueltas una gota).

Ella te pregunta o se pregunta dónde y qué estudias. Si lo pregunta (aprieta el cuenta gotas) le respondes (sueltas otra gota). Si no lo hace, sigues hablando y se quedará con la intriga, resultándole así interesante.

Si descubres tus cartas antes de empezar ni siquiera a jugar, ya has perdido.

Tómatelo como un juego
y ve sacando tus cartas,
pero no olvides nunca,
guardar un as en la manga.   *(Sensei)*

2. Descualificación

Hay dos maneras: te descualificas (autodescualificación) o la descualificas a ella.

1. Te descualificas: Le das a entender que no te interesa ella, que no te vas a esforzar por ligártela, ni agradarla, lo que hace que ganes atractivo.

Por ejemplo:

- Aven: (ella tiene una sonrisa que a todo el mundo gusta) - tienes la típica sonrisa que le encantaría a mi amigo Rafa - (subliminalmente le das a entender: pero a mi no me impresionas, no me basta solo con eso).

2. La descualificas: son los llamados negas* y lo que hacen es bajarla del pedestal quedando a la misma altura, que es de lo que se trata, que nadie esté por encima de nadie.

Por ejemplo:

-Aven: (mientras miras su camiseta) - ¿tu camiseta está de moda, verdad? Es la tercera que veo esta noche.

Este se suele hacer con las que se lo tienen demasiado creído. Es un comentario gracioso o simplemente normal sin ánimo de ofender. Ten cuidado y no entres en una discusión.

SUS NECESIDADES COMO SER HUMANO

Te hablo de esto, porque el hombre que ellas buscan es ese que puede ayudarlas a llegar a lo alto de la pirámide. Léetelo y te explico después.

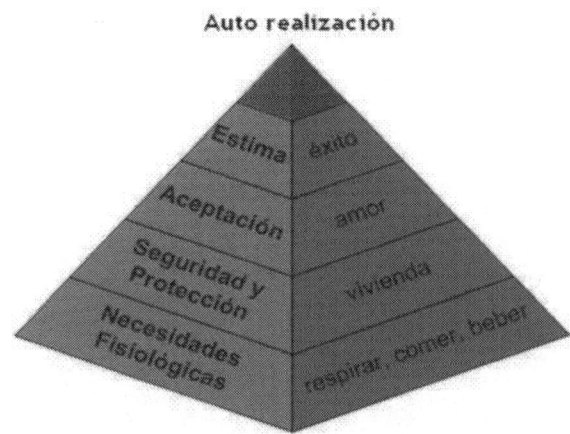

Jerarquía de "necesidades del ser humano" de Maslow

La escala de las necesidades de Maslow consta de cinco niveles: los cuatro primeros niveles pueden ser satisfechos, mientras que el quinto no termina.

A las necesidades más altas le prestamos atención solo cuando hemos satisfecho las necesidades inferiores.

Necesidades básicas

Son necesidades fisiológicas básicas, como por ejemplo: respirar, beber agua, alimentarse, mantener el equilibrio del PH y la temperatura corporal, dormir, descansar, evitar el dolor y tener relaciones sexuales.

Necesidadesdeseguridad yprotección

Son las necesidades de sentirse seguro y protegido, por ejemplo: Seguridad moral, familiar, física, de salud, de empleo de ingresos y recursos.

Necesidades de afiliación y afecto

El ser humano es un ser social y por consiguiente siente la necesidad de relacionarse, ser parte de una comunidad, agruparse en familias, amistades o en grupos sociales. Como por ejemplo: la amistad, el compañerismo, el afecto y el amor.

Necesidades de estima

Maslow describe dos tipos de necesidades de estima:

- La estima alta, que tiene relación con uno mismo, e incluye sentimientos como confianza, logros, independencia, competencia, maestría y libertad.

- La estima baja que está relacionada con los demás: necesidad de atención, reputación, estatus, dignidad, aprecio, reconocimiento, fama, gloria e, incluso, dominio.

El no cubrir esas necesidades baja la autoestima y aflora un complejo de inferioridad.

Autorrealización

Este último nivel es algo diferente, se trata de conseguir ser lo que siempre uno ha querido ser. Y se llega a esta cuando los niveles anteriores han sido cubiertos, al menos, hasta cierto punto.

Si le das a entender que tú eres capaz de ayudarla a cubrir todas esas necesidades (los cuatro primeros niveles), para que ella pueda llegar al quinto, entonces se enamorará de ti. Prácticamente todas las necesidades que tiene, las cubre un hombre con todos los RIAs, por eso cuantos más vea en ti, mejor.

CONFESIÓN DE CUATRO MUJERES

Ana

-¿Qué hay de diferente en tu comportamiento, con el hombre que te gusta, que con los demás hombres?

Me pongo más nerviosa, retoco mi pelo, pienso más en mis movimientos, no sé que hacer con las manos, estoy pendiente de adónde va, de dónde viene, cuido más mis modales, mis palabras y gestos para con él. La risa y la sonrisa resultan más continuas cuando está él. Estoy atenta a su comodidad y bienestar sin resultar cantosa.

-¿Qué es lo que tiene que tener un hombre para diferenciarse de los demás?

Disposición, determinación, dirección, seguridad personal, dinamismo, cortesía, honestidad, humor

-Ordena las cinco primeras cosas en las que te fijas en general en un hombre.

Presencia, dentadura, porte, educación, vestimenta.

Rosa

-¿Qué hay de diferente en tu comportamiento, con el hombre que te gusta,   que con los demás hombres?

Con el hombre que me gusta estoy más receptiva en todos los sentidos. Si me gusta, charlaré con él, buscaría la manera para que coincidiéramos, intentaré gustarle por todos los medios, cuidando mi imagen, oler bien, mis movimientos, miradas pero siempre sin dejar de ser yo, con naturalidad.

-¿Qué es lo que tiene que tener un hombre para diferenciarse de los demás?

Que a primera vista me llame la atención y luego realmente sea trasparente, sincero, y que no se ande con tonterías.

-Ordena las cinco primeras cosas en las que te fijas en general en un   hombre.

Mirada, atuendo, divertido, detallista, noble.

Deborah

-¿Qué hay de diferente en tu comportamiento, con el hombre que te gusta,   que con los demás hombres?

Mis gestos. Al chico que me gusta procuro mirarle más, sonreírle... darle a entender que me gusta.

-¿Qué es lo que tiene que tener un hombre para diferenciarse de los demás?

Tener sentido del humor, ser un caballero, detallista y sincero.

-Ordena las cinco primeras cosas en las que te fijas en general en un hombre.

Cara, sonrisa, personalidad, sentido del humor, lealtad/fidelidad.

MªAngeles

-¿Qué hay de diferente en tu comportamiento, con el hombre que te gusta, que con los demás hombres?

Atención. Siempre estoy pendiente de qué le gusta... a veces me paso y se convierte en algo un tanto obsesivo xD. Todas sus tonterías están justificadas: no pienso "menudo idiota" sino, más bien... qué majo. Idealización: esta es la parte en la que creas en tu mente la persona que él no es...

Bueno también hay cosas buenas, pero es que no son diferentes al trato que tengo con mis amigos. El chico que me gusta intento poder contarle mis historias del día, reírnos juntos, enfadarnos por diferencias de opinión o compartir... cualquier cosa.

Si nos basamos en atracción "pura y dura" cuando me gusta un chico le observo minuciosamente e intento usar lo que descubro para captar su atención... una vez eso, ¡está todo hecho! lo demás viene sólo. xD

¿Qué esloque tiene que tenerun hombre para diferenciarse delosdemás?

Pues no estoy muy segura. Creo que la mirada de una persona dice mucho. Simpatía (que te haga reír y se ría, incluso de sí mismo), empatía (que quiera entenderte, se ponga en tú lugar). Sinceridad (naturalidad) y seguridad en sí mismo... en lo que opina o piensa, aunque lo que piense sea que no tiene una opinión seria sobre nada. jeje (vaya lío).

-Ordenalascincoprimeras cosasenlasquete fijas engeneral enun hombre?

Mirada, sonrisa, manos, espalda, en el culo también jeje

Fíjate como en la segunda pregunta, su respuesta (salvo la de Ana) da por hecho, que ya se siente atraída por el hombre, y después...los rasgos que dicen, lo hacen diferenciarse de los demás.

Te quiero aclarar esto porque a mi me llevó años darme cuenta de ello. Les he preguntado durante toda mi vida cosas así a muchísimas mujeres. Y sin querer engañarme, se les olvidó decirme que están muy bien los rasgos que buscan de un hombre, pero que primero tiene que sentirse atraída por él. Si te saltas eso, te convertirás en simplemente su amigo.

En resumen, estos rasgos de los que ellas te hablan ya te los he nombrado. No obstante, recuerda que te dije que, sin la mayoría de los 7 primeros RIAs, los demás no te van a servir para nada más que para ser su amigo. Una vez que ella los percibe, si los complementas con los otros de la lista (que son algunos de los que ellas te han nombrado), entonces se volverán locas por ti.

VUÉLVELA ADICTA A TU COMPAÑÍA

Esta es la herramienta más potente que usarás desde el principio, hasta después de acostaros, para que sea ella quien espere tu llamada o que le digas que quieres verla de nuevo.

Refuerzo intermitente: Este término psicológico consiste en un estudio realizado por Burrus Frederic Skinner (1904-1990), con el cual demostró cómo reacciona la mente animal frente a determinados estímulos según su frecuencia.

Te lo explicaré con un ejemplo: ¿Por qué nuestros antepasados rezaban al dios lluvia?

Si lloviera todos los días no tendríamos por qué rezar a nadie. Si no lloviera nunca, pensaríamos que no existe ningún dios, directamente. Si lloviera una semana sí y otra no, nos lo aprenderíamos y tampoco rezaríamos.

No obstante, al ser tan intermitente (aleatorio), eso incrementaba que creyéramos en él y llegáramos incluso a hacer sacrificios para que lloviera (nuestro premio).

El refuerzo intermitente consiste en una secuencia aleatoria: + + - - - - + - - + + + - + - + - - + - - + +- + - + - - + - - + +……

+ = llamada, mensaje, veros
- = ausencia de contestación, o castigo (ejemplo de castigo: decirle que algo no te ha gustado).

Ejemplos:

En mitad de la conversación

Ella: - Me gustan los toros.

Aven: - Pues me parece fatal que pueda gustarte algo así...(-)

(Habláis de cualquier cosa)

Ella: ...- el otro día me pidió mi amiga una camiseta, pero no se la quise dejar...

Aven: - pues no me parece bien porque si es tu amiga... (-)

(Seguís hablando)

Ella: ...- el otro día un mendigo me pidió dinero, pero le compré un bocadillo.

Aven: - Me parece muy bonito ese gesto que tuviste... (+)

Se trata de tener personalidad. Ellas quieren un hombre con personalidad. Básicamente no hay que tenerla entre algodoncitos y decirle que sí a todo, simplemente aprende a decir lo que piensas.

Durante el tiempo que no estáis juntos

Al día siguiente de haberla conocido (domingo) ni le das un toque ni la llamas (-) Ella piensa: "con la conversación tan sumamente agradable que tuvimos, el interés que pareció que tenía en mí, con lo bien que fue todo... ¿por qué no me llama hoy?"

Al segundo día (lunes) la llamas para ver cómo está (+) y para quedar el jueves (+)

En los días previos a la cita no la llamas (-), de hecho te da un toque al móvil o incluso te manda un mensaje al cual no contestas (-) pero la compensas el día anterior a la cita o al día siguiente de haberte escrito el mensaje al móvil llamándola (+ +).

Además, al llevar a cabo esta dinámica le mostrará que eres un hombre ocupado, interesante y difícil.

ALIMENTA SU BUEN COMPORTAMIENTO

Es necesario que cuando ella te habla bien de sí misma o hace algo bueno por ti la premies, es decir, le des "una palmadita en la espalda" metafóricamente hablando, para animarla a que siga por ese camino y para que sea justificado que un hombre tan atractivo como tú esté tanto tiempo con ella, o interesado en ella. Pero prémiala intermitentemente y diferencia entre premiar y regalar.

Diferenciaentre premiaryregalar

Imagina que un desconocido te dice: - He traído de Rusia un bote de 20 kg del mejor caviar. Toma, te lo doy por 5€ -.

No te lo está vendiendo, te lo está regalando y sin motivos, porque no lo conoces. Es decir, no es coherente. ¿Qué pensarías? Que algo falla, ¿verdad?, que el hombre está bromeando, o que estará caducado, o que no es caviar.

Pues con las mujeres lo mismo. Si les haces ver que eres un hombre muy atractivo (eres caviar) y que estás mostrando interés por ella sin merecérselo (5€), pensará que algo falla y perderás atractivo, pues no es coherente (estás regalando). Sin embargo, dar una camiseta a 20€ está bien. Es coherente (la estás premiando).

Por ejemplo:

Lleváis diez minutos hablando y te cae simpática. Le dices: - venga que te invito a una copa, y espérame aquí bebiéndotela que voy a comprarte un paquete de tabaco- (estás regalando). Pero si en lugar de eso le dices algo como: - me gusta la manera en que te ríes; eres simpática – (la estás premiando, la estás animando a que siga siendo simpática).

¿Y si por lo que sea ella no se lo está ganando o invirtiendo en la conversación yo puedo hacer algo para que lo haga?

Por supuesto. Pregúntale algo o saca algún tema de conversación en que ella se sienta medio "obligada" a hablar bien de ella.

Dile algo, como por ejemplo: - ¿Y tu qué piensas de esas que sólo saben hablar de ropa?-

Una vez que te hable bien de ella, la premias por ello y escalas.

Es el momento de que te explique qué es la lógica retroactiva. Verás, tú y yo, como hombres que somos, si nos gusta una mujer pues queremos pasar tres horas seguidas con ella. A ellas, cuando les gusta un hombre, les pasa exactamente lo mismo.

Pero...hay una diferencia. Si ella pasa tres horas con un hombre, que de primeras no le gusta, pero se lo pasa bien, se ríe, le cuenta cosas buenas de sí misma...es posible que al día siguiente ella se haga esta pregunta:

"Que bien me lo pasé ayer con este hombre, y le conté cosas buenas de mí, y... ¿será porque me gusta?"

DE QUÉ HABLAR CON UNA MUJER

1.Cosas buenas: a nadie le gusta hablar de muerte, caos, destrucción, vómitos, etc., y menos con una persona que acabas de conocer. Si encuentras una afición en común, como te dije antes, esto facilitará mucho las cosas.

Por ejemplo, lo divertido que es el programa "X", o lo que te ríes cuando ves la serie "Y", o alguna anécdota graciosa, o algo similar.

2.Temas sociales. Les encanta hablar de relaciones entre hombres y mujeres en concreto.

Por ejemplo: -¿crees en la amistad entre hombres y mujeres? -

3.Temas diferentes: son temas emocionales o simplemente diferentes. Evita al máximo los tópicos aunque son necesarios.

Por ejemplo: -¿Si fueras Jeniffer López y pudieras elegir un cantante, cuál elegirías? - (esto es diferente, y dicho con un toque juguetón es gracioso; además, te dará información sobre qué tipo de hombre le gusta).

4.Temas divertidos o absurdos. Diviértete con ella y, si no se quiere divertir contigo, o no es capaz de darse cuenta de lo que vales, no pierdas tu tiempo con ella; no te merece.

Por ejemplo: -¿Por qué piensas que Espinete se ponía pijama para dormir si siempre iba desnudo? -

5.Tópicos: ¿A qué te dedicas?, ¿De dónde eres?... Estas son preguntas necesarias que harás, pero más adelante; y cambiarás de tema en cuestión de segundos o minutos. Necesita saber quién eres, con quién se va a acostar, para tener motivos que luego no la hagan sentirse mal.

¿Por qué estas cosas?

Concéntrate en sus emociones y no en sus opiniones. Las mujeres son seres muy emocionales. Además cuando tenemos una discusión con una persona al tiempo no recuerdas ni la mitad, o si hace mucho tiempo ni siquiera recuerdas nada de por qué discutíais, pero sí que recuerdas la emoción que sentiste. Pues hazlo con ella, pero con emociones buenas.

En lo que se refiere a la PNL (programación neurolingüística) hacemos un anclaje. Un ancla en PNL, es lo que pasa, por ejemplo, cuando escuchas una canción que hace tiempo que no oyes, y ésta te traslada al pasado, volviéndote a sentir como te sentías.

Además cualquier cosa que la haga tener una buena sensación, segregará endorfinas y esto te ayudará a hacerte adictivo para ella.

Las endorfinas son unas hormonas que produce el propio cerebro en unas condiciones determinadas, con efectos similares a la morfina. Siendo la risa la mayor fuente de endorfinas.

Los vigoréxicos están enganchados, entre otras sustancias a las endorfinas que el gimnasio les aporta.

Se trata de que te conviertas en su adicción, ¿a qué suena bien? Pues más te va a gustar cuando lo pongas en práctica y veas hasta qué punto funciona.

Es básicamente por estas razones por las que evocar emociones buenas en ella, es una garantía para volver a verla y para que se sienta atraída por ti. Combinando esto con otras cosas que ya veremos... mejor compruébalo tú mismo en el "campo de juego".

Otra cosa importante: escúchala. En los cursos de "entrevistas de trabajo" te explican cosas parecidas a las que te estoy enseñando. Entre ellas aprender a sacar tus puntos fuertes y lo que llaman "escucha activa". Esta última, simplemente, se trata de que la escuches y le demuestres que la escuchas. Mírala a los ojos, escucha lo que dice, responde a sus preguntas, y memoriza su nombre cuando te lo diga.

Temas de conversación prohibidos

Pues, aparte de los que ya te he dicho (muerte, vómitos, y otros que provoquen malas sensaciones) hay dos más que necesitas saber:

1º No hables de tus exparejas a no ser que te pregunte ella. Y si te pregunta ni se te ocurra entrar en detalles, y mucho menos insultarla. Si se portó mal contigo, pues dilo, y hazle un breve y educado resumen, pero insisto, nada de entrar en detalles ni insultos.

2º No hables de las mujeres con las que has estado esporádicamente. Ni aunque te pregunte, pues tú eres un caballero que no cuenta esas cosas a la gente con la que no tiene absoluta confianza, y en el que se puede confiar (doy por hecho que eres así).

LAS MUJERES NO SON SEGURAS DE SÍ MISMAS

Creemos que todas son extremadamente seguras, conscientes de su belleza y apenas imperfecciones, y de ahí su belleza. ¡Pero ellas no!

Piensa en lo que las avasallan con estar perfectas, tanto los anuncios de belleza de televisión, como la sociedad en general. Fíjate bien, se pasan horas al día y durante muchísimos años, escuchando o recibiendo mensajes en su cerebro, de que han de mantenerse siempre jóvenes o las dejarán por otra más joven. Es así de triste, pero es así.

A nosotros no nos avasallan ni la mitad que a ellas.

¿Por qué si no crees que van a estar tanto tiempo arreglándose, y salen arregladas al milímetro?

Porque a muchísimas de ellas si las pones un poco imperfectas ya el autoestima se les va al suelo.

No te haces una idea la de mujeres preciosas que he llegado a conocer, y hablando con ellas, me he dado cuenta de la poca autoestima que tienen.

Por ejemplo: muchas cajeras o dependientas de tiendas de ropa están aburridísimas en la tienda todo el día. Apenas les da tiempo entre semana de disfrutar de los días y, aún menos, de conocer gente. Encima, para colmo de males, cuando salen por la noche los fines de semana solo se les acercan borrachos y hombres que no les gustan.

Esta mujer está deseando que alguien le amenice un poco el trabajo un día, y conocer a una persona interesante, nueva en su vida, que le de un poco de alegría y emoción a esta.

Abre los ojos hombre, porque esto es solo un ejemplo de los muchos que hay. No por ser preciosa están todo el día con hombres perfectos que van detrás de ellas. Para nada. Puede que pienses: "sí pero es que las mujeres preciosas tienen muchos hombres detrás de ellas". Puede ser, pero ¿cuántos crees que les gustan? Es como si yo te digo: - tú no puedes quejarte, tienes 7 mujeres totalmente anti-morbo, detrás de ti -. Para ti, eso y nada es lo mismo. Pues para ellas también.

MOTIVOS POR LOS QUE DICEN QUE TIENEN NOVIO

1º Te dice que tiene novio y es mentira.

Esto lo hacen como mecanismo de defensa.

a)Si te lo dice nada más llegar: lo dice para echarte, para que si solo venías a ligar te vayas y, así, ninguno pierde el tiempo. Pues a ella, los que solo se acercan para tener sexo no le interesan; todos esos son iguales.

b)Si lo dice al rato: es porque le gustas, y está evaluando si solo te acercaste por sexo o estás ahí porque ella te interesa de verdad.

2º Te dice que tiene novio y es verdad, pero le sería infiel.

Te lo dice para que la entiendas, para quitarse peso de encima de la responsabilidad de lo que pase entre vosotros. Te está indicando que en ciertos momentos deberás ser tú quien lleve todo el peso de lo que pasará.

Además, puede que te esté queriendo decir, que seas más discreto y que necesita que la hagas sentir que puede confiar en ti (aprende a guardar secretos).

3° Te dice que tienen novio porque es verdad y lo quiere, jamás le sería infiel.

Vale, tú eres honrado, te ríes un rato con ella y te vas en busca de otra.

¿Entonces cuando me dice que tiene novio que hago?

Nunca, en ninguno de los tres casos, le das importancia; tampoco te vas, pues parecerá que solo te interesa para el sexo, lo cual no te conviene para nada, pues si con ella no vas a tener nada, quizás te guste alguna de las amigas. Además, tú solo te acercaste para divertirte, que es lo más importante.

Ten en cuenta, que si no quieres que ella le dé importancia a esto (tener novio, supuestamente) empieza por no dársela tú.

¿SON TODAS IGUALES?

¿Somos todos iguales? Depende de para qué.

Pues ellas igual. Cada persona es un mundo, por supuesto. Y siempre hay excepciones. Pero te voy a hacer una pregunta:

¿Crees, o conoces a algún hombre, que no se acostaría con una mujer que tenga el físico de Cristina Pedroche o Patricia Conde y que, además, esté a gusto con ella?

Pues a ellas les pasa igual.

Ninguna mujer quiere un novio, o acostarse con un soso que la aburra y la apague, que nunca haga nada aparte de jugar a la play station, que no la entienda...

Insisto, cada persona es un mundo y siempre hay excepciones, pero somos hombre y mujeres y, por lo tanto, tenemos muchas cosas en común.

Entre ellas, te enseño lo que tienen en común, que al 99'9% de las mujeres les gusta los RIAs.

No a todas les gustan las rosas, pero sí que les gusta que su pareja se acuerde de ella y tenga, aunque sea de vez en cuando, un detalle.

Para unas, una rosa es lo ideal; para otras, que le prepares de comer su plato favorito; para otra, que le escribas una carta y se la dejes debajo de la almohada para cuando se levante y no estés, le saques una sonrisa.

En definitiva, nos parecemos mucho (los hombres entre nosotros y las mujeres entre ellas), pero con pequeñas diferencias, que nos hacen ser especiales.

CÓMO TE INDICA QUE LE INTERESAS

Aquí te dejo una lista de indicadores de interés IDIs*, pero en este libro (página 128) hay una sección titulada "cómo ver que le gustas sin que te lo diga" donde verás muchos más.

Lista delDIsmás comunes:

-Ella saca conversación cuando dejáis de hablar, o se hace un silencio.

-Ella inicia la conversación contigo con cualquier excusa como, pedirte fuego, la hora o cualquier otra cosa.

-Ella se ríe nerviosa.

-Ella te toca y/o a veces te da golpecitos, para que le prestes atención.

-Ella te mira mucho, estés o no hablando.

-La pillas mirándote de reojo.

-Te mantiene la mirada (no seas tú quien la quite primero).

-Ella le dice algo a su amiga, te miran o, después de mirarte, se ríe nerviosa como una niña pequeña.

-Ella está todo el rato moviéndose o se sitúa cerca hacia ti.

-Ella, como por accidente, choca contigo.

-Estando juntos en un grupo de gente ella habla mucho o alto para llamar tu atención o para hablar contigo.

-Ella te dice un piropo.

-Ella te hace un favor.

-Ella te desafía o se pone en plan juguetona picándote.

-Ella se apoya en tu hombro o te agarra del brazo, mientras se ríe o durante la conversación con cualquier excusa.

-Ella se siente cómoda cuando la tocas.

-Te pone uno o varios motes, y/o te llama ligón y cosas así.

-Te pregunta directamente si tienes novia o te la menciona sin saber que tienes para enterarse de si la tienes.

- Ella sin venir a cuento te dice: - mi exnovio...-.

-Ella te invita a algo como, por ejemplo, una bebida, un helado...

-Antes de irse se acerca a decirte que se va, o te pregunta a dónde vas a ir tú.

-Ella se inventa excusas para estar cerca de ti o quedaros a solas.

-Ella te dice cosas buenas de sí misma. Este IDI es más claro aún, si no le has preguntado.

-Ella te espera si vas a algún lado que vayas a tardar poco, y si te espera si vas a algún sitio donde vas a tardar mucho.

ADOPTA LA MEJOR POSICIÓN (POSICIONARSE)

Dependiendo de dónde nos encontremos, nos posicionamos de una manera u otra. Si estamos en la playa, estaremos posicionados cuando estemos de cara al mar.

Si estamos en una mesa, el que se sienta "presidiendo la mesa" es el que está "posicionado". A esta se la conoce también como falcarse*.

Y la otra "mejor posición", es al lado de tu objetivo, para poder escalar.

En ocasiones, es conveniente, primero, adoptar la "posición dominante" y así crear valor y, después, "posicionarte" al lado de la mujer que te gusta.

Ejemplo: (cuando ella te diga algo le dices)

Aven: -no te oigo

Ella: (sigue hablando)

Aven: -ven - (la coges de la mano y la atraes hacia ti) - Dime ahora que no te oía.

Si estas hablando con una mujer en una discoteca, bar o donde sea, quien esté con la espalda pegada a la pared será quien esté mejor posicionado. Imagínatelo. Llegas a un sitio y ves a una mujer apoyada con la espalda en la pared y a un hombre en frente hablando con ella, ¿qué sensación te da?

Ahora imagínatelo al revés, un hombre apoyado con la espalda en la pared y una mujer de frente hablando con él. ¿Notas la diferencia? Pues ellas también.

El hecho de estar posicionado te sirve también para, en el preinicio (1ª franja de la escalada, explicada en la página 57), demostrar que eres un verdadero "macho alfa"; es una demostración atractiva y, además, si estas hablando con otra mujer, activa también la preselección.

A la misma vez que para la persona con la que estas hablando te sienta en la "mejor posición", te sienta "dominante" de la situación, y de tu manada en ese momento (puede ser la gente del bar, la clase, la biblioteca...)

ELLAS NO HABLAN EL MISMO IDIOMA

En el libro *Los hombres son de Marte y las mujeres son de Venus*, Jhon Gray explica una metáfora que refleja perfectamente el título de esto que voy a comentar.

La metáfora es la siguiente: Nosotros vivíamos en Marte, cada uno en nuestra cueva, mientras ellas vivían en Venus, y se juntaban en grupos, sobre todo a la hora de contar sus problemas.

El caso es que un día, un hombre, por un telescopio, vio en Venus unos seres preciosos. Este se lo contó a los demás y decidieron ir allí. Un día una mujer, intuitivamente, advirtió que venían unos seres que les ayudarían con ciertas tareas un poco duras para ellas.

Al principio todo fue maravilloso, pero lamentablemente eso se fue estropeando, pues se nos olvidó que hablamos distintos idiomas pero usando las mismas palabras.

Por ejemplo: Imaginemos una cena como la de los americanos con el pavo en la mesa. Tú vas a cortar el pavo, pero te atrancas y no consigues cortarlo. En ese momento, delante de toda tu familia, tu mujer te dice: -¿cariño te ayudo?-

Traducción: (la voy a exagerar para que la veas más clara).

Idioma de hombre: cariño veo que eres un poco torpe, ¿necesitas que te ayude? ¿Es que no puedes tú solo?

Idioma de la mujer: cariño te respeto y, si lo necesitas, te echo una mano, pero no quiero desprestigiarte delante de tu familia.

El problema es que aquí llega el conflicto. El hombre se va a su cueva a pensar, y la mujer lo que quiere es hablarlo, como siempre ha hecho. Y empezamos a pensar que no nos entendemos. Pero es porque queremos que el otro sea como nosotros, cuando eso es irreal.

Lo que quiero que veas explicándote esto, es que hablamos diferentes idiomas usando las mismas palabras. Es por esto por lo que hablamos muchas cosas en su idioma, como por ejemplo a la hora de sexualizar, y en la "invitación a la intimidad" (invitar a donde tendréis sexo). Ambas son partes de la escalada explicadas detalladamente más adelante, en la segunda parte del libro.

LOS COLORES TRASMITEN EMOCIONES (APARIENCIA Y CASA)

No importa el estilo que tengas al vestir, cada uno viste como quiere. Hay maestros de la seducción de todos los estilos. No obstante para cosas como vestirte, y/o a la hora de decorar tu casa, saber esto te resultará útil.

Tu casa refleja tu personalidad. Con que esté limpia, ordenada y sea acogedora es más que suficiente.

El color es una parte del espectro lumínico y, al fin, es energía vibratoria.

Y esta energía afecta de diferente forma al ser humano, dependiendo de su longitud de onda (del color en concreto) produciendo diferentes sensaciones de las que normalmente no somos conscientes.

Pero la gente que trabaja en agencias de marketing y publicidad, los asesores de imagen de empresa, los diseñadores industriales y de moda, etc., son bien conscientes de ello, y utilizan los colores para asociarlos coherentemente al tipo de producto que quieren hacer llegar.

Y la cosa, como no podría ser de otra forma, funciona. Desde hace años se han hecho todo tipo de pruebas para analizar las sensaciones que sugieren los colores y hay bastante bibliografía al respecto. Te voy a contar a continuación las propiedades de los colores básicos.

1. Blanco:

El blanco se asocia a la luz, la bondad, la inocencia, la virginidad, perfección, seguridad, pureza y limpieza. A diferencia del negro, el blanco por lo general tiene una connotación positiva. Puede representar un inicio afortunado.

2. Negro:

El negro representa el poder, la elegancia, la formalidad, la muerte y el misterio, autoridad, fortaleza, intransigencia, el prestigio y la seriedad.

Es el color más enigmático y se asocia al miedo y a lo desconocido. Es conocido el efecto de hacer más delgado a las personas cuando visten ropa negra. Contrasta muy bien con colores brillantes. Combinado con colores vivos y poderosos como el naranja o el rojo, produce un efecto agresivo y vigoroso.

3.Amarillo:

El amarillo simboliza la luz del sol. Representa la felicidad, la inteligencia y la energía, entrar en calor, provoca alegría, estimula la actividad mental y genera energía muscular, sensaciones agradables. Es un color espontáneo, variable, por lo que no es adecuado para sugerir seguridad o estabilidad. En los últimos tiempos al amarillo también se le asocia con la cobardía.

El amarillo puro y brillante es un reclamo de atención, pero en exceso, puede tener un efecto perturbador. Los bebés lloran más en habitaciones amarillas.

El amarillo pálido es lúgubre y representa precaución, deterioro, enfermedad y envidia o celos.

El amarillo claro representa inteligencia, originalidad y alegría.

4.Rojo:

El color rojo es el del fuego y el de la sangre, por lo que se le asocia al peligro, la guerra, la energía, la fortaleza, la determinación, así como a la pasión, al deseo y al amor. Es un color muy intenso a nivel emocional. Mejora el metabolismo humano, aumenta el ritmo respiratorio y eleva la presión sanguínea.

En publicidad se utiliza el rojo para provocar sentimientos eróticos. Símbolos como labios o uñas rojos, zapatos, vestidos, etc., son arquetipos en la comunicación visual sugerente.

El rojo claro simboliza alegría, sensualidad, pasión, amor y sensibilidad.

El rosa evoca romance, amor y amistad. Representa cualidades femeninas y pasividad.

El rojo oscuro evoca energía, vigor, furia, fuerza de voluntad, cólera, ira, malicia, valor, capacidad de liderazgo. En otro sentido, también representa añoranza.

El marrón evoca estabilidad y representa cualidades masculinas.

5.Naranja:

El naranja combina la energía del rojo con la felicidad del amarillo. Se le asocia a la alegría, el sol brillante y el trópico, el entusiasmo, la felicidad, la atracción, la creatividad, la determinación, el éxito, el ánimo y el estímulo. Produce sensación de calor. Sin embargo, el naranja no es un color agresivo como el rojo.

La visión del color naranja produce la sensación de mayor aporte de oxígeno al cerebro, produciendo un efecto vigorizante y de estimulación de la actividad mental. Es un color que encaja muy bien con la gente joven, por lo que es muy recomendable para comunicar con ellos.

El naranja oscuro puede sugerir engaño y desconfianza.

El naranja rojizo evoca deseo, pasión sexual, placer, dominio, deseo de acción y agresividad

6. Azul:

El azul se suele asociar con la estabilidad, la profundidad, la lealtad, la confianza, la sabiduría, la inteligencia, la fe, la verdad y el cielo eterno. Se le considera un color beneficioso tanto para el cuerpo como para la mente. Retarda el metabolismo y produce un efecto relajante. Es un color fuertemente ligado a la tranquilidad y la calma.

El azul claro se asocia a la salud, la curación, el entendimiento, la suavidad y la tranquilidad.

El azul oscuro representa el conocimiento, la integridad, la seriedad y el poder.

7. Verde:

El verde es el color de la naturaleza. Representa armonía, crecimiento, exuberancia, fertilidad, frescura, la seguridad estabilidad y resistencia.

El verde "agua" se asocia con la protección y la curación emocional.

El verde amarillento se asocia con la enfermedad, la discordia, la cobardía y la envidia.

El verde oscuro se relaciona con la ambición, la codicia, la avaricia y la envidia.

8.Lila:

Este aporta la estabilidad del azul y la energía del rojo. Se asocia a la realeza y simboliza poder, nobleza, lujo y ambición. Sugiere riqueza, extravagancia, sabiduría, la creatividad, la independencia, la dignidad, magia y el misterio.

El lila claro produce sentimientos nostálgicos y románticos.

El lila oscuro evoca melancolía y tristeza. Puede producir sensación de frustración.

2ª PARTE: ROCÓDROMO (ESCALADA)

Este es el proceso que abarca desde que dos personas no se han visto en la vida hasta que son amantes, pareja, amigos con derecho a roce... Aquí verás cómo propiciar que esto pase y quedando siempre como un caballero.

El siguiente dibujo es la secuencia normal que sucede durante la escalada.

Te voy a explicar la escalada desmenuzada (en forma de rocódromo).

ROCÓDROMO SENSEI

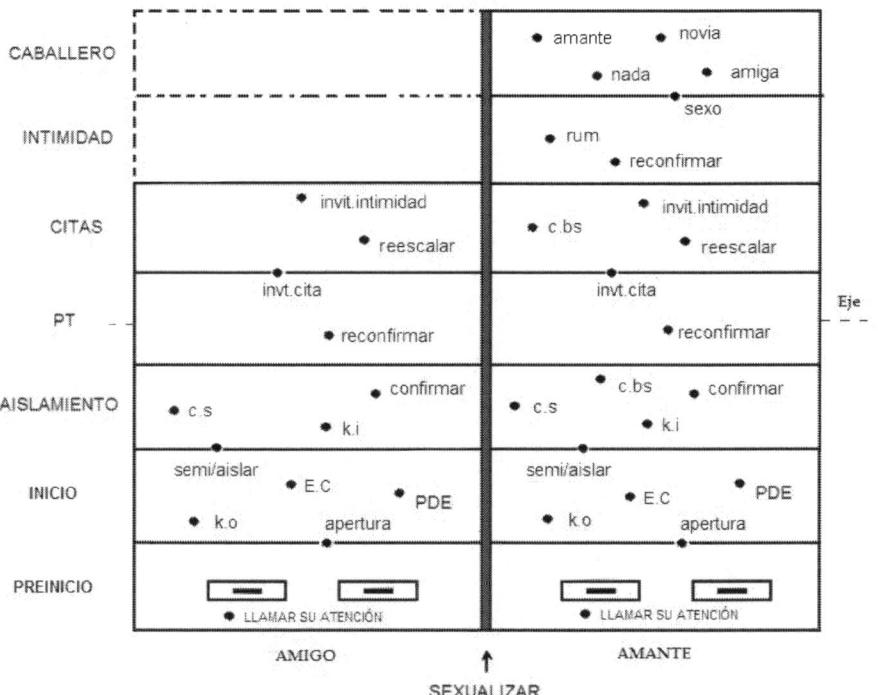

Esto es un rocódromo plano con un eje horizontal en el centro y dos asas en la primera franja.

Las franjas horizontales son 7 y tienen una duración de tiempo (estar a solas un rato con ella, "fraja 4, aislamiento"); durará horas o minutos.

Las presas (donde nos apoyamos para escalar) son situaciones puntuales, es decir, no tienen duración (en cuanto le dices: - vente conmigo-). Dicho esto has cogido la presa de "semi/aislar", y entonces ella se va contigo, por lo que has entrado en la franja de "aislamiento".

En el dibujo, las franjas y las presas tienen el orden más común en el que suceden. El orden de las franjas apenas varía, pero el orden de las presas sí varía en mayor medida. También te saltarás o harás a la misma vez algunas franjas y algunas presas.

Por ejemplo: Es posible que os beséis el primer día; o que no os beséis el primer día, pero sí en una cita; o que os beséis el primer día y en las citas. De todas formas, esto lo entenderás mejor una vez lo hayas leído y practicado.

El rocódromo está dividido en dos partes, la del amigo y la del amante. Si empiezas escalando por la parte del amigo, has de sexualizar para pasar a la parte del amante. Es posible que como amigo llegues a tener una cita (franja 5), pero no llegarás a besarla ni a tener sexo.

Aclarado esto vamos con las franjas y sus presas.

FRANJA 1: PREINICIO

Única presa del preinicio:

- **Llamada de atención**

Para que esta franja se dé, ella ha de saber que existes y, para ello, es necesario que llames su atención. Normalmente haciendo que ella vea algún o algunos DIAs.

Explicación de la franja del preinicio:

Esta franja consiste en todo lo que ella ve o sabe de ti antes de que habléis por primera vez. (Esto pasa mucho en pueblos, ciudades pequeñas, y dentro de círculos sociales).

Un ejemplo de lo que ella sabe de ti antes de que hables con ella sería el siguiente:

Imagina que eres Will Smith. Ella sabe que eres guapo, que tienes dinero, que sales con mujeres de gran categoría, que tienes una posición social reconocida... Esto es el preinicio.

Ahora un ejemplo con lo que ella ve antes de que hables con ella:

Ella te ve entrar con cinco amigos más a un sitio, y en lugar de ir hablando entre vosotros, entretenidos, divertidos y demás, lo que os ve es mirando los culos de todas las que pasan por vuestro lado y, además, caminas con la cabeza baja y mirando al suelo.

Ten en cuenta que el cerebro en cuestión de segundos produce una imagen de la persona que estás viendo por primera vez.

Si ves a un hombre trajeado con un maletín, sin hablar con él tendrás una imagen. Ahora, pon ese mismo hombre con un chándal roto, despeinado y caminando que parece que se cae; en segundos tu cerebro se ha creado una imagen de este muy distinta a la anterior.

Pues lo mismo les pasa a ellas cuando te ven entrar a un sitio, caminar hacia ellas, moverte, gesticular...

Ten en cuenta que esta franja no tiene por qué existir, pero que si existiera que sepas la utilidad y la importancia que tiene, así como a usarla en tu favor.

Repito, puede darse o no, pues quizás te acerques a ella y no te haya visto antes.

No obstante, aprende a usarla, ya que te va a facilitar o a acelerar la escalada de una manera impresionante. Esto está reflejado en el dibujo como dos "asas" de las que tiras hacia ti, si tienes un buen preinicio, lo que inclina el rocódromo haciendo mucho más sencilla la escalada.

Un buen preinicio hará que tu apertura (frase de entrada) sea muchísimo más efectiva.

Lo que a continuación te explico más detalladamente también son DIAs.

Tu imagen

Limpia y cuidada. A ver, tengas el estilo que tengas, tu imagen ha de ser limpia y cuidada, pues el consciente o subconsciente de ella va a pensar: "si él se cuida así, cómo cuidará de mí y de mi descendencia".

El sudor también suele resultar desagradable.

Y, por último, decirte que por norma general, aunque aquí sí te digo que hay de todo, los pelos han de estar solo donde han de estar. Nada de pelos en la nariz que sobresalen, orejas, espalda y demás sitios por el estilo.

Viste como te dé la gana, pero sé consciente de lo que trasmites y aprende a jugar tus cartas. Para ello, pregúntale, como en este ejercicio que puedes encontrar en la página 151, a alguna mujer de tus manadas.

Lenguaje corporal

Tu lenguaje corporal ha de ser el que se conoce como "macho alfa"; debe reflejar seguridad en ti mismo, tranquilidad, relajado, saber estar...También es importante la manera en que caminas y para ello ve al ejercicio de la página 152.

Además, en el libro hay una sección dedicada al lenguaje corporal en la página 128, porque al aprender a leer (su lenguaje corporal), aprenderás a escribir (trasmitir con tu cuerpo lo que quieras trasmitirle).

La idea es que has de moverte y caminar como si caminaras por tu casa, porque estás en tu manada, y la gente que te rodea son miembros de ella.

El lenguaje corporal refleja el 55% de la comunicación, así que cuídalo.

Invertir poco

¿Recuerdas la diferencia entre premiar y regalar? Pues es la base de esta cuestión. Se trata de no regalar ni tu tiempo, ni tu esfuerzo en ir a hablar con ella.

Imagina que atraviesas una sala entera para ir a hablar con ella. Para empezar, que sepas que te está viendo venir, porque ellas tienen visión cónica.

Ellas cuentan con mayor número de células cónicas en la retina, y también tienen una visión periférica más amplia que la nuestra. De hecho, muchas tienen una visión periférica de casi 180º.

Esto quiere decir que si ella te está mirando a los ojos a la misma vez es capaz de ver tu cinturón, cosa que nosotros no podemos. Así que ten mucho cuidado con esto.

Y para seguir, estás regalando un paseo enorme para ir ha hablar con ella sin merecérselo. No quiere decir que esté prohibido, pero que sepas lo que significa para ella. Y a no ser que hayas generado muchísima atracción en tu preinicio, no lo hagas. Si eres Mario Casas, quizás ella piense "que gracioso, mira todo lo que ha andado para acercase a mí", y esto la haga sentir que eres alcanzable. Pero es porque lo veía por encima de ella y ese paseo que "regala" hace que baje a su altura. Y como ya te he dicho, es muy importante estar a la misma altura.

Es por esto por lo que debes situarte cerca de la mujer en cuestión para que solo inviertas un giro de cabeza, tres o cuatro pasos...

Energía positiva

Esto básicamente significa que sonrías, que estés contento, que la energía que desprendas sea positiva, alegre, brillante...

Para trasmitir algo primero has de sentirlo tú.

Responderán bien más del 90% de los casos.

Coherencia

Este punto se refiere a que tu preinicio y tu apertura (frase de entrada) han de ser coherentes.

Por ejemplo, si estás aburrido con tus amigos y de repente te acercas a ella , divertido, gastando una broma, ella pensará que escondes algo, porque te ha visto serio y aburrido.

Sin embargo, si te ve pasándotelo bien con tus amigos, divirtiéndote con la gente, ella pasa por tu lado o tú por el suyo y le dices la misma frase que antes; entonces serás coherente. Así, no pensará que escondes nada, sino que simplemente te estás divirtiendo. Que es de lo que se trata.

En realidad no escondes nada, simplemente que no puedes llegar y decirle: - mira me pareces atractiva y con poco que me caigas bien, o quizás ni eso, hoy me acostaría contigo.

Estás viendo que esto es un "juego" o "juego social", que tiene sus pautas, como otros muchos que nos rodean. Si realmente quieres decirle eso o trasmitírselo, lo harás, pero en el momento adecuado.

Para ser coherentes, los tres canales de comunicación (el lenguaje corporal, tono de voz y las palabras) han de serlo también.

Has de ser coherente, a no ser que pretendas hacer gracia, con la exagerada incoherencia entre alguno de los canales comunicación.

Por ejemplo, llegas muy seguro de ti mismo a hablar con ella y después de hablar tranquilo y sereno (lenguaje corporal y tono de voz) le dices que eres muy tímido (palabras): esta incoherencia le hará gracia. Pero si actúas seguro de ti mismo, y tu tono de voz no lo es, esta incoherencia no le gustará, sino que pensará que eres un tío tímido, esforzándose por parecer seguro para ligártela.

Preselección

Esto significa que has sido preseleccionado por otra u otras mujeres, lo cual les da a entender, consciente o subconscientemente, que algo bueno tienes que tener.

Si encima, la mujer con la que estás, es muy guapa, mejor aún. Pues piensa: "si esa mujer tan guapa está con él, y se lo está pasando tan bien, algo tiene que tener".

¡Ojo! Si la mujer o mujeres que van contigo, pasan de ti, será contraproducente. Parecerás un "pagafantas".

Imitación de su manada

Es más fácil empezar una conversación con una pija si vas vestido como un pijo, hablas como un pijo y actúas como tal, que si vas de hippie paseando un perro.

No obstante, no quiero decir que sea imposible, sino que tu apertura será más fácil.

En cuanto al lenguaje corporal, la imitarás en un principio y, si termina imitándote ella, es que vas muy bien.

Voy a hablarte de algo importante: las neuronas espejo.

Las neuronas espejo son unas neuronas que se activan cuando una persona o animal realiza una actividad que está viendo hacer a otro, especialmente un congénere.

Esto provoca que el que está observando, en su cerebro, realice también la acción del observado.

Estas neuronas poseen un importante papel en nuestra vida social, en la empatía y la imitación.

Te explico esto porque quiero que veas la importancia de proyectar que tienes la mentalidad aven. Si proyectas estar relajado, seguro y que das por hecho que vas a escuchar, el resto lo harán las neuronas espejo, y todo irá

> sobre ruedas.
>
> Insisto: Si quieres que ella sienta algo (por ejemplo, estar relajada), es más fácil si tú lo estás.

Ahora te voy a explicar de forma muy rápida y simple, un concepto importante que has de tener en cuenta cuando interactúes con una mujer.

Sincronización: Orden en el que os mostráis atención.

1º Cabeza (ella gira su cabeza para mirar quién le está hablando).

2º Manos (acerca o descubre sus manos si tiene algo de interés cuando habla contigo).

3º Hombros (gira sus hombros cuando siente un mayor interés por vuestra conversación).

4º Piernas (cuando ya gira las piernas hacia ti, y os quedáis uno frente al otro, es porque has captado toda su atención).

Imitar su postura, quiere decir que tomes una postura parecida a la que tiene ella.

Ejemplo: ella está de pie apoyada en la barra para pedir algo. Entonces, te acercas, te sitúas próximo a ella con la misma postura, y giras simplemente tu cabeza para hacer tu apertura; ella gira la cabeza, sigues conversando y, si ella te "enseña" sus manos, tú la premias o imitas "enseñando" las tuyas; después ella gira sus hombros, por lo que tú la premias girando los tuyos hacia ella; ella gira sus piernas y, entonces, giras tú las tuyas después, y finalmente, cuando tú bebas, ella sin darse cuenta beberá también. Ella te imitará inconscientemente.

Esto último pasa por las neuronas espejo, y es señal de que ella está muy involucrada y con ganas de comprenderte.

Se ha establecido pues, como una "conexión" entre vosotros.

La sincronización es una forma para que las personas se abran y se sientan a gusto. Logras con ella conexiones más fluidas.

Estado de ánimo

Tu estado de ánimo ha de ser un poco superior que el grupo de gente (set) al que te acerques.

Nadie quiere juntarse con gente que la apaga y, si lo haces de noche, mucho menos, pues la gente sale a divertirse.

Imagina que te estás divirtiendo con tus amigos y llega alguien a preguntarte: "¿qué te parece lo del terremoto de Lorca?". Pues no te apetece seguir hablando con esa persona, prefieres hablar con alguien alegre y positivo.

Has de calibrar el estado de ánimo del set, pero no te preocupes, que nada más verlo, te darás cuenta.

Es evidente que el estado de ánimo de dos mujeres que se están tomando un café en un bar a las 16.00, es diferente que el de otras dos mujeres en mitad de una fiesta de salsa.

Recuerda lo que te dije de las neuronas espejo. Anímalas, no las apagues porque no te van a dejar, antes te echarán.

Ahora te voy a dar un ejemplo general en el que verás todo esto de lo que te he hablado.

Ejemplo durante la noche: Te bajas de tu coche propio, entras a un bar caminado y moviéndote con seguridad y tranquilidad con dos amigos, tu prima la modelo y su amiga. La camarera te da dos besos muy simpática; la mujer en cuestión ve cómo pasa una mujer guapísima por tu lado que tú miras un segundo a los ojos pero en seguida sigues tu conversación, como si la belleza de por sí no te impresionara. Estás cerca de la mujer que te gusta y tu grupo de gente se ríe contigo, vas vestido del estilo de ella, y giras simplemente tu cabeza diciéndole algo divertido y animado.

Ejemplo durante el día: ella ve como en el trabajo o en la facultad demuestras seguridad en ti mismo a la hora de caminar y hablar con la gente. Y ve que tus compañeras de clase o trabajo se acercan a ti, te saludan, tienes una imagen que le gusta (no hablo de físico), etc.

FRANJA 2: INICIO

Esta franja comienza una vez que has abierto la boca, es decir, si le has dicho "hola", ya has entrado en la franja del inicio. Y va desde ese momento hasta que os quedáis a solas o prácticamente a solas.

En menos de dos minutos de conversación se puede crear una conexión entre dos personas (o más) y esta dependerá de:

a) Imagen: como te expliqué anteriormente (imagen limpia y cuidada).

b) Actitud: qué dices, cómo lo dices y cómo de interesante (o diferente) eres.

c) Cómo hacemos sentir a las personas.

- **Apertura:**

Una apertura es lo que he mencionado anteriormente (el principio de una conversación), por ejemplo: - hola.

Aclaración importante

Nada de pedir permiso ni disculpas, es decir, nada de empezar diciendo:

1.   Disculpa...
2.   Perdona...
3.   Por favor...

Sino cosas como (hablar de forma imperativa):

Mal hecho:

   - Perdonad chicas, ¿os puedo hacer una pregunta por favor?

Bien hecho:

   Aven: - Chicas, os voy a hacer una pregunta(...)

¿Ves la diferencia?

A eso me refiero. En el "mal hecho" no estás teniendo la mentalidad aven, aquí el premio es o son ellas, no tú.

Sin embargo, en el "bien hecho" es diferente. Fíjate como un aven da por supuesto que le van a escuchar, ya que es lo más normal, pues él es el premio. Les estás "haciendo un favor", el favor de, como mínimo, pasar un rato agradable. Además de aportarle la cantidad de cosas buenas que tienes, tanto como amigo, como amante o como lo que sea. Eso sí, ten cuidado, no se trata de ser un prepotente ni mucho menos, sino de valorarse uno mismo.

Pensamientoantes de laapertura

Esto, repetírtelo justo antes de realizar tu apertura reforzará tu mentalidad y te aliviará esos nervios. Pruébalos todos y quédate con los que más te gusten, o con los que mejor te sirvan:

- Son mis amigas.

- Sé lo que yo valgo y de ella sólo que me atrae físicamente.

- Mentalidad aven: no me incomoda, me encanta; yo soy el premio; mi vida sexual no me preocupa.

- Vamos a pasar un buen rato. (Este que sea el último que te repitas antes de abrir la boca)

Utensilios para la apertura:

1. Límite temporal: la apertura te recomiendo que la acompañes de lo que se conoce como límite temporal o falso límite temporal. Establecer un límite tiempo, como - un segundo -, - una cosa -, - una pregunta- ...lo que hace es que se relaje y piense que pronto te irás, y no has ido a molestar o interrumpir como todos.

2. Circunstancia. Una manera muy sencilla de comenzar una conversación es comentando algo sobre la circunstancia en la que estáis. Por ejemplo: - ¡qué buena está la comida aquí!, ¿verdad?

Tipos deaperturas:

- *Simple*: una pregunta que no necesita apenas respuesta, de hecho la respuesta puede ser un simple "sí" o "no".

Ejemplo: - Una pregunta, ¿dónde está el pub "Orchilla"?

         - Chicas, una cosa ¿Dónde está la calle "Camino de Ronda"?

- *Opinión*: Como su propio nombre indica es una pregunta de opinión la cual ha de ser lo más abierta y atractiva posible.

Una entrada de opinión tiene siempre detrás un porqué, que has de transmitir, o decir, si no quedara claro, o la vieras dudar de por qué preguntas eso.

Las preguntas abiertas dan mucho juego y muchos hilos* de los que tirar para seguir escalando. Estas empiezan de la siguiente manera: ¿quién?, ¿cuándo?, ¿qué?, ¿por qué?, ¿dónde?, ¿cómo?

Te voy a dar una fórmula general de las aperturas de opinión pero es sólo una guía no te la tomes muy en serio, hazlo como quieras.

Llamada de atención (*"hola"*) + pausa de unos segundos (mirar a los ojos a todos y todas para captar su atención) + límite temporal (*"una pregunta"*) + reto (*"a ver si me puedes ayudar"*) + titular de noticia (*"estoy preocupado por un amigo y quiero opinión femenina"*) + desarrollo de la apertura (*"resulta que la novia de mi amigo se ve con su ex para tomar café y ni a mí ni a mis amigos nos hace ninguna gracia, pero no sé si es porque es nuestro amigo o porque somos hombres, ¿tú qué opinas?"*)

- *Divertida*: se trata de decir algo gracioso, algo que provoque una risa. Y la estructura es parecida a la de "opinión".

Por ejemplo:

Aven: - Una cosa, ¿creéis que parecemos una pareja de gays? Es que han venido ya dos veces a vendernos rosas, y estamos empezando a preocuparnos -. Actitud: sonriente y juguetón.

- *Directa*: se trata de decir que te has acercado porque te ha gustado directamente.

Ejemplo:

Aven; - Hola, me ho acercado a ti porque me has llamado la atención y quiero conocerte. ¿Cómo te llamas?

Esta apertura es totalmente innecesaria, pero al estar sexualizando, si consigues escalar ya lo estás haciendo por la parte del rocódromo que corresponde a la del amante. Pero como ya te digo, es divertida y es emocionante, pero innecesaria para atraer a una mujer.

¿Porquénos dan uncorte?

En primer lugar, piensa una cosa: ¿alguna vez te han dado una mala contestación cuando te has dirigido a una mujer durante el día? ¿Ves? Por eso es por lo que siempre digo que es más sencillo "jugar" por el día que por la noche.

Ahora otra pregunta: ¿has visto a alguna mujer, que sabes que es muy simpática, llegar a ser un poco borde con algún desconocido que se le acerca por la noche?

Esto es porque ellas se ponen una coraza, máscara o armadura, llámalo como quieras, para defenderse de pesados.

Lo siento mucho, pero en la noche hay demasiados pesados que se acercan a ellas y, sin querer, las molestan, las aburren o, incluso, las hacen sentirse un trozo de carne. Esto hace que se pongan esa coraza.

El lado malo es que la tienen puesta; el lado bueno, que si se la quita, lo tendrás mucho más fácil que si no la hubiera tenido nunca, pues te estás desmarcando ya de entrada de todos los demás.

Esto sucede mucho con las más llamativas, no digo guapas, sino llamativas.

Ponte en su lugar:

¿Qué tipo de hombre se te acerca a las 16.00? ¿Qué tipo de hombre y/o en qué estado se te acerca a las 23.00? ¿Y qué tipo de hombre y/o en qué estado se te acerca a las 04.00?

¿Y si me da una mala contestación, qué hago?

Si posees la mentalidad aven te saldrá solo; pero, mientras, te explico.

Resulta que ella te da una mala contestación, entonces, en lugar de sentirte por los suelos y verla a ella más arriba aún, piensa lo siguiente:

Ella no te rechaza como persona porque no te conoce, ella rechaza tu actitud en ese momento. Quizás seas calcado al malvado exnovio que dejó la semana pasada. Como no lo sabes, no te preocupes.

Compadécete en tu interior por esas mujeres, pues no saben lo que se han perdido por no conocerte.

¿Pero qué le digo?

En primer lugar, imagina que eres Cristiano Ronaldo, ¿Qué crees que haría este si se acerca a hablar con una mujer "normal" y esta le contesta mal? Sí, eso, se partiría de risa.

No se trata de que te rías de ella, sino que, totalmente indiferente, le digas algo como:

- Aven: (tono de voz indiferente, amable y educado, y medio sonriente, pues no sabe lo que se pierde) - mira te voy a decir una cosa porque estoy seguro de que, en realidad, no eres tan borde. Entiendo que tengas esa máscara cuando sales, pero ten un poco más de ojo a la hora de hablarle así a alguien, porque puede que estés dejando pasar a gente que realmente merece la pena. Que te diviertas-. (Sonríes y te vas tan contento como viniste; ni afectado ni nada. Indiferente, ya te digo, con el mismo estado de ánimo que viniste).

Esto es lo que contesta un hombre con la mentalidad de la que llevo hablándote desde el principio. Y te saldrá solo cuando la tengas.

No hay rechazos, sino aprendizajes. Aprendemos más de nuestros errores que de nuestros aciertos. De hecho, en el reino animal no existe el rechazo. Cuando un guepardo intenta cazar a su presa, pero no la alcanza, este no se va a la cueva deprimido a lamentarse y pensar. Lo que hace es aprender la lección e intentar ir a por la siguiente.

"Una vez alguien le preguntó a Tomas Edison antes de descubrir cómo hacer luz - ¿no te cansas de llevar unos 250 intentos, y estar perdiendo el tiempo, ya que no lo consigues?- y él respondió: - yo no he perdido el tiempo, he descubierto 250 maneras de no hacer luz ."

Con este libro, te estoy enseñando muchas cosas que "no hacen luz". Pero un bebé se tiene que caer miles de veces para aprender a andar. Si no se cae miles de veces, no andará. Así que un error no es un paso atrás, sino un paso hacia delante. Y, tarde o temprano, hasta correrás.

- Kino ocasional (k.o):

En la comunidad, llamamos kino a lo que se conoce como "tocar". Es por esto que el kino ocasional es un toque inocente sin ningún tipo de intención.

El tocar, tal y como aquí te lo comento, dura siempre menos de un segundo. Su brevedad es importante, pues tocar durante demasiado tiempo puede hacer el efecto contrario: puede incomodar.

A veces, aunque no nos acordemos de que nos han tocado, nuestro subconsciente sí lo hace transformando este gesto en un estímulo de simpatía. Como con la publicidad subliminal.

Para que te hagas una idea, te cuento un estudio realizado en Estados Unidos por la Universidad de Purdue:

Pusieron a una psicóloga de bibliotecaria con dos condiciones:

1: No podía sonreír a nadie

2: Solo podía tocarlos cuidadosamente (menos de un segundo)

Bien, pues después de unas horas, a todos los que le habían preguntado algo, les hicieron dos preguntas:

1: ¿Te ha tocado la bibliotecaria? A lo que todos respondieron: NO

2: ¿Te ha sonreído la bibliotecaria? A lo que todos respondían: SÍ

Pues de esto se trata, un breve toque que inspira confianza y conexión.

Por ejemplo: un golpe cuando te ha dicho algo gracioso mientras te ríes, o tocarle el hombro un momento mientras le dices algo.

- E.C (empezar a conocerse):

Esto consiste, como su propio nombre indica, en empezar a hablar de ti y de ella/s en un ámbito más íntimo. No hablar de algo superficial.

No te estanques hablando de un mismo tema o se aburrirán, además de que parecerá que te estás esforzando por hablar con ella/s y perderás atractivo.

Está comprobado que el cerebro de la mujer y del hombre son distintos.

Te voy a contar una diferencia que nombró Mark Gungor en uno de sus seminarios.

Contó que los hombres tenemos el cerebro lleno de cajitas; es por esto, por lo que si queremos hablar de fútbol entonces abrimos la de fútbol, y hablamos horas del mismo tema.

Cuando quieras que hablemos de, por ejemplo, películas, yo cierro mi cajita, la guardo en su sitio y saco la de las películas. Y a hablar otro largo y tendido tiempo.

Ellas no. Ellas no tienen cajitas; ellas lo tienen todo súper conectado. Te voy a poner un ejemplo de una mujer hablando que te sonará familiar:

- El otro día mi madre me dice...pero tía y dónde has comprado esos zapatos...pero muy fuerte lo que me dijo aquel el otro día...sí sí, pero yo a la fiesta esa no quiero ir...

¿Porquétecuento estoahora?

Pues porque quiero que veas que cuando estés hablando con una mujer y le vayas cambiando de temas para dirigir la conversación o simplemente para que esta fluya, pues no te preocupes, porque para ellas es lo más normal del mundo.

¿Temes quedarte en blanco verdad?

Me lo imaginaba, yo era así. Es por esto por lo que te he redactado un ejercicio con el que entrenarás tu agilidad mental, y ya no sólo no te va a volver a pasar, sino que aprenderás a dirigir la conversación para hablar de los temas que más te interesen sin que se note. Todo parecerá de lo más natural, y lo acabará siendo.

De hecho, como ya te he comentado es como conducir. Al principio te parecerá forzado, pero acabará siendo natural, formará parte de ti y de tu subconsciente (conducirás sin darte cuenta).

Este ejercicio está en la página 165.

¿Pero entonces, cuánto tiempo he de hablar de tópicos, y cuanto de temas buenos ydemás?

Mira aquí tienes una secuencia aproximada de hablar sobre temas emocionales (1, 2, 3 y 4: estos son la línea horizontal de arriba) y temas lógicos (5: estos son los picos o pequeñas líneas de abajo). Estos cinco puntos están explicados en la página 41.

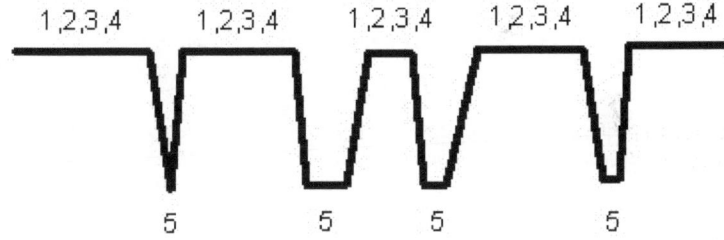

Ten cuidado de que no se convierta en un interrogatorio, de vez en cuando, aunque no te pregunte, cuenta algo tuyo referente al tema del que estéis hablando. Pero recuerda la técnica del cuenta gotas.

Un estudio realizado por Arthur Aron, profesor de la Stony Brook Universidad de Nueva York, en EE.UU:

Cogieron a hombres y mujeres que no se conocían, y los pusieron a hacerse preguntas. Unos se preguntaban cosas banales como: ¿Qué te parece este restaurante?; los otros, preguntas personales como: ¿cuándo fue la última vez que lloraste?

Después de 45 minutos, Brook medía el grado de atracción que sentían los participantes, siendo esta mucho mayor en los que se habían hecho preguntas más personales.

¿En qué momento le pregunto algo sobre ella?

Tienes dos opciones:

1. En cuanto localices un hilo del que tirar. Hay un ejercicio para esto. Véase la página 165.

Por ejemplo:

Ella: -a mí no me gustan los mojitos-(hilo1), -la de los mojitos es mi *hermana-(hilo 2)*

Aven: -a lo mejor tu hermana es como mi amigo Alberto, bebe lo mismo desde hace años-.

Ella: -no, no, ella va cambiando-.

Aven: -¿pero cuantos años tiene tu hermana?-

(continuáis conversando)

Aven: ¿y tienes más hermanos?

(…)

¿Ves? "*Hermana*" es el hilo del que tiras para E.C y seguir hablando.

De aquí en adelante, con el ejercicio que te he dado ya solo es cuestión de práctica.

2. Emplea una frase preparada que dirás espontáneamente como si se te acabara de ocurrir.

Por ejemplo:

Mientras ella te habla, tu dices:

Aven: -¡por cierto! ¿De dónde eres?

Otro detalle antes seguir: está estudiado que nos encanta escuchar nuestro nombre. Así que repíteselo un par de veces o cada cierto tiempo para que no se te olvide, y para crear cercanía.

Ejemplo durante la noche: al rato de estar divirtiéndote con tus amigos, ella está cerca con sus amigas, te giras y les dices algo como:

Aven: - estábamos aquí discutiendo una cosa, a ver si nos podéis ayudar, ¿vosotras creéis que la amistad entre exparejas es posible? - (apertura). A la misma vez, le tocas el brazo para llamar su atención (k.o) a una de ellas, y si ya estás posicionado al lado de la que te gusta, mejor aún. Actitud: risueño y alegre, con energía positiva.

Ella: (…)

Aven: - ¡por cierto! ¿De dónde sois?- (E.C)

Ejemplo durante el día: uno de los días en que te la cruzas o estás cerca, dices algo como:

Aven: - ¿sabes si la máquina de café funciona? – (apertura) .Actitud: risueño y alegre, con energía positiva.

Ella: - lo siento, pero no tengo ni idea.

Aven: - no te preocupes, gracias - . Sonríes y le das un toque en el hombro con la mano (k.o) y te vas.

Otro día te la vuelves a encontrar y:

Aven:- hola - (apertura). A partir de aquí ya siempre os saludaréis cuando os veáis.
Ella: - hola - . Y seguís caminando.

Un día que la pilles en un descanso, o en algún sitio donde puedas hablar unos minutos, entonces:

Aven: - ¡hola! ¿Qué tal? - (apertura).

Ella: - bien, ¿y tu? -.

Aven: - pues más o menos, ayer vinieron mis hermanos a casa con ganas de cachondeo y no me dejaron dormir en toda la noche. ¿Tú tienes hermanos? - (E.C).

- Punto de enganche (PDE):

El punto de enganche se alcanza cuando ella/s prefiere/n que te quedes a que te vayas.

Te darás cuenta porque hará/n algún IDIs, como, por ejemplo, preguntarte cómo te llamas o de dónde eres.

- Aislarse o semi-aislarse:

Semi-aislarse:

Esto consiste en separarla un poco de la amiga o grupo de amigos/as, pero sin alejaros, donde ellas aún se puedan ver y, quizás, oír. Esto no tiene el efecto de aislarla, pero es conveniente hacerlo si no has podido aislarla.

Lo realizas mediante el lenguaje corporal o el lenguaje verbal.

Ejemplo:

Lenguaje corporal: te vas alejando, o girando, de tal manera que ella le dé la espalda a su grupo de gente.

Lenguaje verbal: -acércate que no te oigo bien- (y la alejas un poco).

Aislarse:

Asilarse significa sacarla a un sitio o una zona, donde no puedan verla y estéis "solos". Cuando digo solos me refiero a un sitio donde no haya nadie conocido delante. Esto la hará más "libre" de comportarse como realmente le apetece.

Por ejemplo:

Ella: - ayer acompañé a mi abuelita a la compra.

Aven: - ¿en serio? ¡Ven! Cuéntame eso mejor - (la coges del brazo y le hablas un poco en imperativo, como una medio orden).

Explicación del ejemplo:

La coges del brazo porque nunca debes dejar que recaiga sobre ella el peso de que "pase algo" entre vosotros. A ellas les encanta pensar que "surgió" y que ellas solo se dejaron llevar por la pasión y el momento. Hablas un poco en imperativo porque tendemos a obedecer ante una orden, ya que es a lo que nos han acostumbrado desde pequeños. Al igual que obedecemos a la gente que vemos por encima de nosotros o con uniformes como policía, militares…

¡Ojo! Cuando la cojas del brazo, no la cojas con miedo, no con agresividad, sino firmemente, pero con tacto. Es decir, algo intermedio. Se trata de que trasmitas seguridad, como con el kino. Cógela por el brazo como dando por hecho que va a venir. Si no has entendido bien a lo que me refiero, quiero que tengas en cuenta que hay conceptos como éste, que son complicados de explicar mediante texto.

La función de ambos (aislar y semi-aislar) es anular el factor fulana externo. Hay dos tipos de factor fulana, el externo y el interno. El factor fulana consiste en que ella se siente como una "fulana" (interno) o siente que la ven como una "fulana" (externo).

Por ejemplo, si ella ve entrar a un hombre que la atrae mucho, pero de repente se acerca a ella y a las amigas y, sin decir nada, la besa, ella normalmente se apartará por esto, por el factor fulana interno y por el externo.

El interno porque no tiene motivos de verdad para besarlo; y el externo, porque las amigas saben que no lo conoce y, sin motivo, lo besa. Parecerá una fulana. El interno se anula simplemente haciendo bien todo esto que te estoy enseñando, y el externo aislándola o semi-aislándola. Evidentemente mejor aislarla que semi-aislarla.

Ejemplo durante la noche: (Seguís hablando)

Ellas: - pues de Cartagena.

Una de ellas dice: - ¿y vosotros? - O - ¿y tú? - Aquí ha mostrado interés y estás en la presa del punto de enganche.

Lleváis un rato hablando y estás hablando con la que te gusta mientras el resto hablan de otras cosas por su cuenta (semi-aislada), aunque todos en el mismo círculo. En ese momento le dices:

Aven:- voy a pedirme algo, acompáñame - (conforme lo vas diciendo la coges del brazo y empiezas a caminar). Una vez aislada entras en la franja de "aislamiento". Tú vas delante y, cuando llegáis a la barra, te apoyas en ella de tal manera que ella le da la espalda al pub/discoteca (estás posicionado) y además le preguntas qué quiere, y pides tú quedando como un caballero con las cosas claras.

Ejemplo durante el día:

Ella: - pues sí, tengo un hermano y es un pesado. ¿Cuántos años tienen los tuyos? - Ha mostrado interés y ya has "cogido" la presa del punto de enganche.

Digamos que ella está apoyada en la pared, de donde sea, pues ese es tu sitio, así que le dices algo como:

Aven:- a ver, déjame un segundo – (Te apoyas donde está ella o cerca, te pones como a mirarte la suela del calzado) - pensé que se me había pegado algo, continúa con lo que me decías - (y te pones donde estaba ella o, a las malas, a su lado imitando su postura ("posicionarse").

En este tipo de situaciones es muy probable que ya esté aislada. En el caso de que no, el ejemplo durante la noche, de momento, te dará alguna idea.

FRANJA 3: AISLAMIENTO

- Sexualizar:

Esto es lo que se conoce como "coquetear", "tontear"... y esta presa es vertical, puede estar en varios lugares, pero este es el más común y por eso te lo explico ahora. Al sexualizar le dejas claro que no seréis simplemente amigos.

Por eso y por su importancia, separa los dos rocódromos, el de "amigo" del de "amante".

Si no has sexualizado, vas escalando por el rocódromo de la izquierda; pero si te fijas, a lo mejor llegas a tener alguna cita, normalmente grupal, pero como amigos, por lo que ni os besaréis, ni tendréis sexo.

Es por esto, por lo que en cuanto sexualizas y recibes CDIS* (confirmación de interés sexual), ya estás en el rocódromo de la derecha, y ahí si os besaréis y tendréis sexo.

Te diferencio entre dos niveles de sexualización:

Nivel 1º: este es el normal. Es lo que coloquialmente llamamos "tontear". Por ejemplo:

Aven: - entonces... eres profesora, y te gusta la cerveza...Dime que te encanta la playa y me caso contigo - . Actitud: sonriente y jugueton.

Estás dándole a entender que nada de ser amigos.

Nivel 2º: este lo realizas tras haber sexualizado a nivel 1, haber recibido CDIS de ella, y haberos besado.

Su principal función es calentar el ambiente, propiciando así que os acostéis en ese mismo encuentro.

Aumenta el calor del ambiente y empiezan a venir a cuento frases como:

Aven: -me encantaría sentirte.

Aven: -estoy seguro de que te mueves muy bien.

Son frases que, como hombre, sabes perfectamente lo que le estás diciendo, en este caso:

Aven: -tengo muchísimas ganas de acostarme contigo.

Aven: -te he imaginado en la cama y estoy seguro de que eres muy buena.

Es lo mismo pero dicho en su idioma. En ocasiones les gusta que se lo digas en el nuestro, pero en la mayoría no, solo las más liberales, y a veces, solo cuando ya están excitadas. Así que cúbrete las espaldas y díselo en el suyo.

Para coger agilidad mental y soltura con esto tienes un ejercicio en la página 170.

Y recuerda que sin sexualizar, es difícil que os beséis. Y sexualizar a nivel 2, también lo es, si no os habéis besado.

Imagínate que lleváis media hora pasándolo bien y, de repente, la besas; es posible que os beséis, pero es más fácil tras sexualizar y recibir algún CDIS.

Si es ella la que se pone a sexualizar pues la premias escalando como mejor se te ocurra. Por ejemplo: besándola, o aislándola si aún no lo estáis.

- Kino intencionado (K.I):

A diferencia del ocasional, este deja ver que hay una intención en ese toque.

Por ejemplo:

- Un abrazo.

- Cogeros de la mano durante unos segundos.

- Besarla en el cuello/cara/hombro (esto úsalo para probar y para calentar, antes del beso en los labios).

Aumenta la intensidad o la intención del kino poco a poco. Ha de acostumbrarse a que os toquéis; de hecho, ha de preferir que la toques a que no la toques. Esto bien hecho crea una gran sensación de cercanía y de que eres respetuoso. Pero ten cuidado en no pasarte, o será contraproducente.

- Cierres simples (c.s):

Al igual que cuando se produce una venta se le llama "cierre de la venta" pues para nosotros los cierres son eso. Confirmas que queréis veros otra vez, en el caso de los cierres simples (móvil, Facebook...).

Los cierres, así como otras partes de la escalada, una muy buena opción es hacerlos como premio, recuerda, como premio, no como regalo.

Estos se hacen cuando más álgida está la conversación para que se quede con ganas de más y así sea más fácil que acceda.

Tienes que ser como las series de televisión, que termina el capítulo dejándonos con ganas de más. ¿Recuerdas la primera temporada de "Prison Break"?, pues si consigues eso...quedaréis otro día seguro.

Por ejemplo:

Aven: - me encantaría seguir hablando, pero tengo que irme, vamos a darnos los teléfonos, y la semana que viene nos vemos y seguimos hablando.

Es el momento de hablarte sobre ciertas **palabras o frases prohibidas**:

El "cómo" se dicen las cosas es lo más importante, mucho más importante que el "qué" pero no por eso este es insignificante. Por ello, aquí me centro en el "qué", ya que debes cuidarlo también.

Además cuando mandas un sms o chateas, ella ve el 7% (lo que dices) y el otro 93%(tono de voz + lenguaje corporal) lo interpretará según lo que te conozca y cómo se encuentre.

En cualquier momento, una frase mal dicha puede cambiar el contexto o el

---

rumbo de la interacción. Es aquí donde la mayoría de los hombres pierden atractivo y confirman que no lo son, o por lo menos hacen dudar que lo sean.

Si aparentas serlo, las más confiadas te analizarán y las desconfiadas te pondrán incluso a prueba, intentando desbancarte o poniéndote trampas para que caigas en ellas. Es aquí donde también puedes echar tu escalada por tierra.

Los errores más comunes son: el de que se crea que ella es el premio, o proyectar inseguridad e indecisión como en los ejemplos 6 y 7 donde proyectas rasgos Beta (lo contrario al macho alfa).

A continuación, te he escrito algunas frases o, mejor dicho, partes de frases que en el 90% de los casos, conviene que las reemplaces de tu vocabulario por frases sustitutas como las que te sugiero aquí.

Frases prohibidas que hacen cometer estos errores:

(Reflejas que no eres el premio, de hecho, lo es ella)

1. Si quieres...
2. Si puedes...
3. Si te apetece...
4. Cuando tengas un hueco...
5. Me apetece verTE, estar CONTIGO, quedar CONTIGO...

(Reflejas ser una persona insegura)

6. A ver si....
7. Si eso...

Frases sustitutas que cambian el contexto donde ella no es el premio y proyectas seguridad en ti mismo:

1. La semana que viene buscAMOS un hueco ...
2. Me apetece que NOS veAMOS el viernes...

Aclarado esto, continúo con los cierres simples:

Relación Tiempo-Motivos

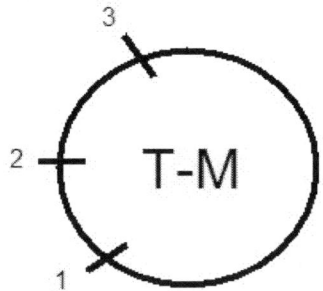

Los Facebook los intercambiáis (no los pides, ya que sois iguales y no pides nada, porque incluso eres el premio) cuando no has tenido tiempo ni motivos suficientes para intercambiar móviles, ya que el Facebook es algo menos comprometido.

Esta rueda de volumen refleja la relación entre el tiempo y los motivos que tienes para intercambiar Facebook o móvil. No obstante no quiere decir que en cuestión de cinco minutos no puedas intercambiar móviles con alguien; pero es más fácil que intercambiéis el Facebook, y que el que te diga no sea falso.

El punto 3 se refiere al "cierre de beso". Lo que quiero que veas es que, si has tenido tiempo y motivos para llegar al cierre de móvil, entonces seguro que intercambiáis también Facebook y, si no lo hacéis, es porque es innecesario.

Y si has tenido tiempo y motivos suficientes para besaros, entonces no tendrás problema en intercambiar móviles o Facebook.

Fíjate bien en cómo te hablo (o escribo en este caso), fíjate que en ningún momento te digo: pídele el móvil, que ella tenga motivos para besarte, etc.

Pienso que no tiene sentido que te esté diciendo que eres un aven de los pies a la cabeza, que te vas a convertir en un maestro de la seducción, y que tú eres el premio, y mientras, por otro lado, lleve unas cuantas horas saboteando tu subconsciente con ese tipo de diálogo.

Cuida tu diálogo interior. Nos pasamos una media de 14 horas al día hablando con nosotros mismos y más del 80% de los que nos decimos son mensajes negativos. Por ejemplo:

Imagínate que a ti mismo te dices: mañana me tengo que levantar a las 8.00 porque tengo que trabajar; luego, tengo que salir corriendo a recoger a un amigo que hace tiempo que no veo y quedé en comer con él; después tengo que ir a dormir la siesta; también me tengo que levantar para ir al gimnasio con mi amiga Marina; luego me tengo que duchar e ir a cenar con mi ahijado que es su cumpleaños.

Fíjate cómo cambia la cosa: mañana me voy a levantar a las 8.00 para ir a trabajar, luego quiero ir a recoger a un amigo que hace tiempo que no veo y que quedamos para comer, después dormiré un rato, me levantaré e iré al gimnasio con mi amiga Marina y después de ducharme quiero ir a ver a mi ahijado que es su cumpleaños.

Otro ejemplo: (se te cae algo): siempre igual, soy un desastre, siempre lo tiro todo porque soy un patoso.

Mira cómo cambia: se me ha caído esto, normal, a veces se me caen las cosas, nadie es perfecto.

Bueno pues así con todo, si te pasas el día diciéndote mensajes negativos te estás machacando solo; cambia esos mensajes por mensajes positivos una semana a ver qué pasa. No tienes nada que perder y mucho que ganar.

De hecho, te aconsejo un documental sobre el agua de Masaru Emoto, que te hará pensar sobre esto.

Importancia del Facebook

El Facebook es lo que en marketing se conoce como tu "carta de ventas"; este refleja tu personalidad. Ten por seguro que si te agrega al Facebook lo primero que hará será hacer un examen detallado de él, para saber lo mejor posible cómo eres; sobre todo, si le gustaste mucho.

Es por eso por lo que lo aprovecharás a tu favor poniendo fotos que sirvan de DIAs. Seguro, aventurero, con amigas, amigos... pero ¡ojo!, no presumas en él (te estarás esforzando) y tampoco reflejes exactamente todo de ti o dejarás de ser interesante.

Por eso, es mejor que no tengas cientos de fotos y, si es posible, no las subas tú, sino un amigo, pues si te pasas parecerá que presumes.

Enséñale la punta de un precioso e interesante iceberg.

- Cierre de beso (c.bs):

Esta es la presa que más se mueve y cambia de lugar e incluso se repite; no obstante, este es el lugar más común donde aparece.

Simplemente se trata de un beso en los labios cómplice, nada de un beso sexual. La idea es cerrar un trato, en el que (metafóricamente hablando) ambos os "dais la mano" y decís - vale, aquí habrá sexo si todo va bien -, pero ya está. Sobre todo estate atento al posible factor fulana.

¿Y cuándola beso?

Pues cuando veas CDIS, en cualquier momento a partir de aquí, cuando te apetezca (mira la lista de IDIs y si aún así tienes dudas, vete a la parte del lenguaje corporal en la página 128).

Tipos debesos:

1. Avisado:

a) Verbalmente:

Aven: - no me gusta que hayan silencios cuando hablo contigo, porque solo pienso en besarte... así que... sigue hablando -. (Sonriente). Si no dice "no, no, no, no lo hagas" mientras se hecha para atrás, o pone mala cara, entonces la besas, en ese mismo instante o más adelante, cuando quieras.

b) Lenguaje corporal:

Te acercas lentamente o la coges de la mano; la miras a los ojos y luego a los labios; la agarras de la cintura y la atraes hacia ti...

2. *Inesperado*: este es el típico beso de película en el que algo se apodera de ti y sin poder remediarlo la besas.

Si realmente no se te ocurre nada piensa en alguna película romántica, en algún beso inesperado de esos y haz lo mismo. Les encanta. Ellas están deseando que le den esos besos de película y contárselo a las amigas.

Ellas prefieren esos besos, que los típicos de discoteca. Lo que no quiere decir que no sean válidos también.

Ejemplo: al despediros le das dos besos, pero le coges una mano y, después de esos dos besos, le das un pequeño tirón de la mano, la atraes hacia ti, y le plantas un dulce y bonito beso.

Veamos lo que es un "no transitorio"

Un "no" para ellas, no es un "no" para nosotros.

Esto se conoce como "no transitorio", ya que el "no" de una mujer puede significar: "no aquí", "no ahora", "no así"...

Si lo has hecho todo bien, y ella te ha reflejado CDIS, entonces es un no transitorio; pero si se va tras ese intento, es un "no" como los nuestros.

Fíjate más en lo que hace que en lo que dice.

¿Porqué nos quitan la cara?

Por, básicamente, tres razones:

1. No te quiere besar. Pero lo más importante aquí es que recuerdes estar más atento, sobre todo, a lo que hace después y no a lo que dice, para ver si realmente es un "no" verdadero.

2. Es un "no transitorio". Si ella te quita la cara pero te da CDIS es porque estás ante un "no transitorio". Quizás está su hermana por ahí y no quiere que la vea, porque no quiere besarte tan pronto, y por cosas así.

3. Está jugando. También te quitan la cara porque para ellas forma parte del juego.

¿Y qué hago cuando me quita la cara?

Te responderé con otra pregunta: ¿Qué crees que haría Beckham si va a besar a una mujer "normal y corriente", y esta le quita la cara? Pues eso, se reiría.

Pues tú igual. Te ríes y sigues jugando mientras averiguas por qué lo hizo y actúas en consecuencia.

Por ejemplo: si ves que es que su hermana está por ahí, pues necesita que la aisles. Si ves que es pronto para ella, espérate un rato más para volver a premiarla con tu beso.

Ejemplo: (La vas besar y ella quita la cara).

Aven: (te ríes levemente, no una carcajada, no te rías de ella, sino refleja que te ha hecho gracia)

Ella: -¿de qué te ríes?

Aven: - de lo que te va a costar ahora besarme – (se lo dices sonriente y pícaro). Y sigues hablando de lo que estuvierais hablando.

- **Confirmar**

Esto se trata de que vea que eres el mismo al que le dio el móvil o el beso, y que no piense que solo era eso lo que buscabas de ella. Y esto le da a entender a ella que puede confiar en ti.

Esto no tiene por qué llevarte más de diez minutos, se trata de no salir corriendo tras el cierre.

Es muy simple. Realizas el cierre y te quedas unos minutos después con ella, siendo la misma persona que eras hasta que realizasteis el cierre.

Esto es lo que haces cuando tienes que irte, o ves que ella se va a ir: corta la conversación siempre tú.

¿Porquésiempre he decortarla conversación yo?

Córtala en el momento álgido siempre, además para que se quede con ganas de más, como te expliqué antes. No dejes que termine la conversación en un momento bajo y no dejes que termine ella. Si la terminas antes tú, además de que se quedará con ganas de más, si no le cuentas exactamente lo que vas a hacer o por qué te vas, entonces resultarás interesante. E incluso ocupado y/o difícil.

Recuerda siempre la técnica del cuenta gotas, no regales información que no te han pedido. Que ella imagine lo que quiera, es decir, que ella piense que la razón por la que cortaste, sea por la que más le guste a ella, ya que tienden a idealizarnos.

Evidentemente, si os habéis besado y estás a gusto con ella, hablando cara a cara, y no tenéis por qué iros, pues quédate. Además, puede que incluso en ese mismo encuentro, sea el momento del día que sea, acabéis teniendo sexo.

Esta franja se desarrolla en el tiempo que no os veis, tanto desde que os despedisteis hasta que os volvéis a ver, como el tiempo que hay entre cita y cita.

El instrumento psicológico más útil que vas a usar es el "refuerzo intermitente o refuerzo Skinner", para que seas tú el que decida dónde y cuándo. Lo cual usarás también más adelante una vez os hayáis acostado, para que sea ella quien espere tu llamada para quedar.

¿Cuándoescribo ocuándollamo?

Depende, recuerda la rueda de volumen.

Relación Tiempo-Motivos

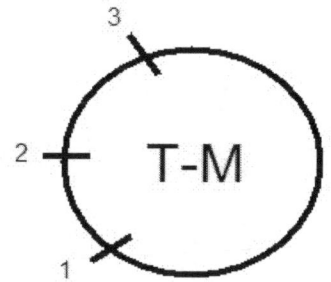

1. Facebook: Dejas pasar entre siete y diez días.

2. Móvil: Dejas pasar entre uno y tres días.

3. Beso o Sexo: Escribes o llamas al día siguiente.

¿Porquéesta diferencia de tiempos?

Imagina que hablasteis quince minutos e intercambiasteis Facebook. Si no tuviste tiempo ni motivos para besarla o intercambiar móviles, y le escribes al día siguiente, entonces parecerás necesitado, es decir, tu vida sexual te preocupa. Además de que si no te ha dado motivos suficientes para escribir tan pronto, entonces estarás regalando interés, no premiando.

Si os besasteis y al día siguiente no le escribes o la llamas, pensará que eres el típico que solo quería eso. Ellas se implican mucho más que nosotros tanto después de un beso (cada vez menos), como después de sexo.

Por esto, siempre después del primer beso o de la primera vez que hay sexo, al día siguiente llamas o escribes un mensaje.

Piensa lo que significaba el beso "vale, entre nosotros va a haber sexo si todo va bien" y ahora tú al día siguiente no le escribes, entonces ella pensará que solo buscabas eso. Lo cual no le da tranquilidad ninguna de que vayas a ayudarla a cubrir sus necesidades como ser humano, explicadas anteriormente en la Pirámide de Maslow.

En base a esto que te acabo de contar, ya tú calibras los días que tardarás en escribir o llamar.

- Reconfirmar

Esto simplemente es volver a confirmar cuando la llames o le escribas.

El Facebook y el teléfono no se usan para que os contéis vuestra vida, simplemente para ver qué tal está y/o quedar para veros otro día.

Recuerda lo de las frases prohibidas a la hora de dirigirte a ella. Así como los cebos*.

La estructura general y, por supuesto, alterable de un mensaje o de una conversación es:

1º Saludo (¡Hola!)

2º Pregunta sobre algo que te contara que tiene que hacer, algún examen o algún recado, ella contestará aunque sea por educación. (¿Cómo fue el examen?)

3º Dile algo divertido, diferente, bueno (cosas de las que hablar con una mujer, explicado anteriormente), referente al tiempo que pasasteis juntos (yo aún pensando en rapar a mi gato)

4º Cebo *(He pensado en ir a tomarme un helado al puerto marítimo y darme un paseo)* Es un cebo, porque sabes que le encanta los helados y el mar.

5º "Invitación a las citas" *(tengo libre el miércoles y el jueves por la tarde, ¿te vienes?)*

6º Despedida *(un beso.)*

<u>¿Llamar o escribir?</u>

Yo soy mucho más partidario de llamar. Ya no tenemos quince años para estar mandando mensajitos.

Además, llamando demuestras seguridad en ti mismo y, como te decía, así ella no tiene que interpretar el 93% (tono de voz + lenguaje corporal), sino que la comunicación va a ser mucho mejor, pues ya solo interpretará el 55% (el lenguaje corporal) porque no lo puede ver.

Otra ventaja es que tienes respuesta al momento y no estás esperando a que te conteste, pues eso puede crear impaciencia en ti y que la acabes fastidiando precipitándote, y así usar mal el refuerzo intermitente. Incluso puede que sea ella la que te lo haga a ti sin darse cuenta (o queriendo, pues ellas también juegan, sobre todos las psicólogas, ya que conocen el refuerzo intermitente) y te tenga en vilo esperando.

<u>¿Qué hago si nomecontestan almensaje ollamadas?</u>

Si por lo que sea no lo coge, entonces, acto seguido, puedes mandarle un mensaje diciéndole el motivo por el que la llamaste, o no llamarla y esperar a ver qué hace. Depende del tiempo y los motivos que tuvierais, es decir, si apenas estuvisteis hablando pues no le mandas el mensaje, si ya os conocéis mejor, pues sí. Eso lo irás viendo.

En el caso de que no le escribas el mensaje y ella no conteste, llámala como a la semana o diez días y haz como si no pasara nada. Piensa que es como si un amigo tuyo que se ha ido a vivir fuera te llama, se te olvida devolver la llamada y te llama a los días. No esperas que esté enfadado, ¿verdad?, pues lo mismo.

Aprende a ponerte en su lugar y, cuanto mejor hagas esto, mejor las comprenderás, perfeccionando así tu juego.

- Invitación a las citas

Esta es la invitación que le harás para quedar (punto 5 de la "estructura general de un mensaje o llamada", explicado anteriormente). Aquí también tienes la opción de usar el límite temporal.

Ejemplo válido para el día o para la noche: (Tenéis vuestros teléfonos o Facebook y la llamas en el momento adecuado).

Aven: - ¡Hola! ¿Cómo estas? - Actitud: sonriente.

Ella: - Bien, gracias. ¿Y tú que tal?

Aven: - Muy bien, aquí pelando a mi gato, estoy haciendo un descanso porque la parte del rabo parece que no me deja - (Reconfirmas. Eres original, gracioso, como el otro día).

Ella: (risas)

(Habláis durante cinco minutos)

Aven: - bueno, cuando nos echamos el helado que dejamos pendiente. Yo podría ir martes o miércoles por la tarde. ¿Y tú? - (invitación a cita).

FRANJA 5: CITAS

Esta franja transcurre durante cualquier cita que tengas con ella, lo que conocemos coloquialmente como cita.

La única diferencia entre las citas y E.C en cuanto a lo que haces o de lo que hablas en ellas, es la secuencia.

Secuencia de E.C:

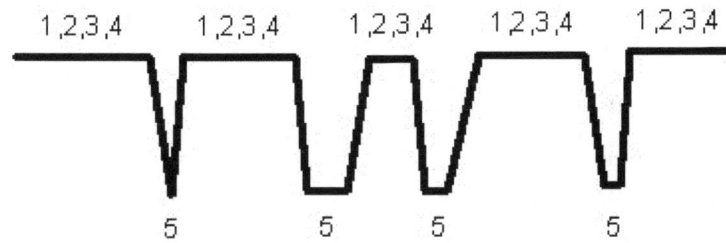

Secuencia de citas:

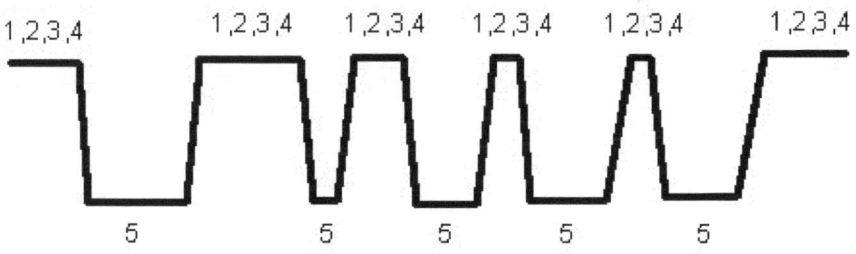

Estas secuencias son una aproximación, ahora tú calibra según veas la situación.

La diferencia principal entre ellas es que ella durante E.C vio la punta del ice-ver, y en la segunda un poco de lo que hay por debajo del agua.

ICEBERG

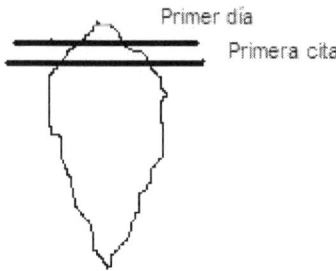

Primer día

Primera cita

Pero siempre siendo consciente de ello, de que aún le queda por ver. Esto te hará un hombre interesante.

¿Cómo hago esto?

Por ejemplo, con frases como: - eso ya te lo contaré mejor otro día -, ya que además, le trasmites que, no sólo la quieres para tener sexo ese día, sino que quieres volver a verla.

- Reescalar

Consiste en volver a escalar desde E.C si habéis salido en grupo, o desde el aislamiento si estáis solos.

Tras reescalar, realizarás la invitación a la intimidad, o la invitación a citas, teniendo así una segunda cita.

Tipos decitas:

Nota: llegar un poco más tarde a las citas, diez o quince minutos como mucho.

a) 2 tipos generales:

- *Individual*: la típica de tú y ella a solas. (reescala a partir del aislamiento).

- *Grupal:* en la que quedéis tus amigos y sus amigas. (reescala a partir del E.C).

La grupal se hace por varias razones:

1º. No te gusta en realidad la tuya, pero a un amigo tuyo sí.

2º. Os conocisteis varios a la vez y es más fácil quedar todos de nuevo, por ejemplo, tú y tu ala conocisteis a dos, tres, cuatro... mujeres.

3º. No os dio tiempo a conoceros mucho y, por lo tanto, es más fácil proponer una cita con más gente que a solas.

Esta es muy buena manera de conocer muchas mujeres, pues todas tienen amigas y así vas multiplicando tus posibilidades.

Vas haciendo grupos de amigas que tendrán más amigas y así seguirás multiplicando, y verás como aumentan tus posibilidades. Además, tu preinicio se verá favorecido.

Conozco a alguno que se ha dedicado a hacer esto toda su vida y no le va nada mal.

b) Esta puede ser tanto individual como grupal.

- *Simple:* Se trata de ir juntos simplemente a un sitio.

- *Múltiple:* Consiste en ir a varios sitios en un mismo día. Esto es muy útil porque se nos distorsiona la duración del tiempo (concepto de hipnosis) y nos da a pensar que nos conocemos de más tiempo del que en realidad nos conocemos.

¿En qué momento del día quedo con ella?

Pues depende del grado de sexualización al que llegarais.

- *Por el día*: es preferible que sea por el día si sexualizaste poco o nada. Esto lo verás en función, a cómo fue la conversación, el tiempo que estuvisteis hablando, cómo fue la sexualización, qué tipo de mujer es...

- *Por la noche:* si ya sexualizaste y recibiste CDIs, entonces puedes perfectamente quedar por la noche y terminar teniendo sexo. Depende de los mismos factores que el caso anterior.

¿Ya qué hora la llamo?

Entre las 17.00 y las 21.00, pues a esa hora la gente normalmente no está cumpliendo ninguna obligación, en la mayoría de los casos.

Por otro lado, ya el día se está "medio acabando", así que no está lo estresada u ocupada que estaba a las 12.00.

¿Y qué día de la semana quedo?

Ideal: el miércoles. A no ser que sea una cita grupal. En tal caso, coincidir con ellas el fin de semana, pero no salir con ellas toda la noche. Esto ya lo verás tú según la situación.

¿Por qué?

Porque los fines de semana los guardas para ti y tus amigos.

Examinemos cómo se sentirá ella según el día de la semana:

Lunes: acaba de empezar la semana y quizás sea muy larga. Así que no es un buen día para quedar, porque su estado de ánimo no va a ser el más favorable.

Martes: aún es el segundo día de la semana. Se parece demasiado al lunes.

Miércoles: ya pasaron dos días, está terminando el tercero, pues son las 19.00 aproximadamente y mañana ya es jueves. Puede que su fin de semana empiece el jueves. Aunque empiece el viernes, sigue siendo miércoles y sólo quedan dos días de trabajo/estudio y llega el fin de semana.

Jueves: hoy también está bien quedar, pero quizás ya sea fin de semana para ella y que haya hecho planes. Entérate cuando la conoces, o dedúcelo por lo que conociste de ella.

Viernes/sábado: es fin de semana y, a parte de lo que te dije de que tu fin de semana es para ti y tus aficiones, amigo, ella es nueva en tu vida; no puede ocupar un lugar tan privilegiado en ella sin habérselo ganado. Excepción: citas grupales.

Domingo: lo normal es que sea el día por excelencia de descanso, tanto para ti como para ella.

¿Adónde la puedollevar?

Depende de lo que quieras de ella.

Si solo quieres sexo, no te compliques la vida y llévala a tomar una cerveza, a cenar, o cualquier cosa así. Además, si la llevas a algo más bonito, harás que se emocione y le harás daño, pues harás que busque algo distinto de lo que quieres, de momento, tú de ella.

Si te gusta para algo más, entonces llévala a algún sitio distinto. Recuerda la importancia de ser distinto al resto de lo que se ha encontrado. O comparte tus hobbies con ella; por ejemplo, si te gusta el tenis, llévatela a jugar al tenis, así te conocerá cómo eres, verá tu mundo y te sentirás a gusto por "jugar en casa".

¿Y si aúnno noshemosbesado? ¿Cuándolabeso?

Igual que si fuera el primer día que la conociste, reescala.

¿Y sinosbesamoseldíaquenosconocimos?¿Lasaludocondosbesoso conun besoenloslabios?

Con dos besos. Después, durante la cita cuando te apetezca la besas. Con un beso se saludan las parejas. Es un gesto de demasiada complicidad para tan poco tiempo, y más aún si no os habéis acostado. Trátala como una "amiga".

Ejemplo válido para el día o para la noche: estáis tomando un helado, una cerveza o lo que sea.

Aven: - ¿Tienes hambre?

Ella: - Sí.

Aven: - Pues hacemos una cosa, yo vivo aquí al lado, vamos a mi casa y te enseño a preparar, en diez minutos (límite temporal), aquello que te nombré que estaba tan rico-. (invitación intimidad).

- Invitación a la intimidad

Esta es la invitación al lugar donde tendréis sexo. Cómo proponérselo, en qué momento...

Aquí vuelves a tener la posibilidad de utilizar el límite temporal.

No le dices "-sube, que quiero sexo-"; ella necesita pensar que "surgió", a pesar de que ambos sepáis, en ocasiones, a lo que sube a tu casa.

Otro recurso, es hacer que entre antes en casa un rato para eliminar la "kainofobia" (miedo/nerviosismo ante lo nuevo) que todos tenemos un poco. Con esto se consigue que, cuando la vuelvas a invitar a casa, sea más fácil para ella aceptar la invitación.

¿Cuál es el mejor momento?

1. Mientras os recogéis porque así tú lo has querido. Ya te expliqué que has de ser tú el que termine las conversaciones y el que corte las citas antes de que estas decaigan o las corten ellas.

2. Como algo espontáneo, como algo que viene a cuento en la conversación, y después de haberos besado y sexualizado aunque sea a nivel 1.

Queda en algún sitio cerca del lugar donde tendréis sexo. Si vais en tu coche, pues que pille de camino un mirador bonito (también llamado picadero) . ¿Coges la idea verdad? Pues eso, para que solo sea decir algo como:

Aven: -Mira, yo vivo aquí cerca, vente y te presento a mi gato, al que te dije que quiero rapar.

Aven: (vais en el coche de camino a casa) – podemos acercarnos a comprar un helado y nos lo tomamos en algún sitio tranquilo por aquí – (y luego la llevas al mirador)

En ocasiones, para la invitación a la intimidad, es conveniente encontrar algo que camufle, aunque sea un poco, que vais o estáis en un lugar donde podéis acostaros, ya que entre otras cosas, eso puede presionarla.

Ya te he dicho que en ocasiones no hace falta, pero... cúbrete las espaldas.

No se trata de andar por las ramas, sino adornar lo que va a pasar. Ten en cuenta que si te pregunta lo típico de:

Ella: - ¿Qué quieres de mi?-, o - ¿Por qué te acercaste a mi?

Aven: - Pues porque me atrajiste físicamente, y quería ver si, además, merecías la pena como persona.

¿Ves?

No se trata de engañarlas. A ver, tampoco se trata de decir toda la verdad. Recuerda, se lo decimos en su idioma, porque la respuesta de antes, en idioma hombre sería: - porque me atraes físicamente y con que me cayeras bien me querría acostar contigo.

Estudios realizados han demostrado que al hombre le excita más una imagen que los sentimientos, al revés que a las mujeres. Un ejemplo sería:

Si una noche, te dan a elegir acostarte con dos mujeres distintas, con las siguientes características:

Mujer 1: increíblemente guapísima y con el mejor cuerpo que hayas visto en tu vida, pero con el encefalograma plano.

Mujer 2: físico rozando lo que para ti sería aceptable, pero te gusta como persona, cómo te hace sentir y es divertida.

La pregunta es: si tuvieras unas horas para tener sexo con una de ellas, y nunca jamás las volvieras a ver, solo es sexo lo que vas a tener con ella, y nadie jamás sabrá lo que ha pasado...entonces...¿con quién te acostarías?

Imagino tu respuesta. Ahora haz esta pregunta a unas cuantas mujeres, y verás como cambian las respuestas. Evidentemente, cada día hay más mujeres liberales (o que intentan serlo) y responderían que al "hombre 1" (mismas características que la "mujer 1", pero en hombre) también. Pero si te fijas, te he puesto "responderían" porque habría que ver si lo han hecho alguna vez en su vida, y cuantas veces en comparación con las que podían haberlo hecho. El caso es que la inmensa mayoría prefieren acostarse con el "hombre 2" (mismas características que la "mujer 2", pero en hombre).

FRANJA 6: INTIMIDAD

Esta fase sucede en el lugar donde tendréis sexo, ya sea una casa, un coche, una playa, un hotel...

- **Reconfimar y/o reescalar**: explicado anteriormente.

- **Resistencia del último minuto (rum)**

Si el proceso hasta ahora está bien hecho, jamás te va a suceder salvo muy raras excepciones. Y será por algo que no tenga nada que ver contigo.

Si te ocurre esto la solución es lo que se conoce como "crear hielo", es decir, incomodidad. Con un ejemplo lo entenderás mejor:

Ella colabora contigo, porque se lo dices, apagando la luz, enciendes una lámpara tenue, pones algo de música tranquila y creáis un ambiente cómodo y propicio para tener sexo.

Ella dice: -No puedo- o -aún no.

Entonces, dices:-no te preocupes, esto es una cosa de dos- Te levantas, enciendes la luz, apagas la música, en resumen, rompes el ambiente cómodo que creasteis.

Mientras, sigues hablando con ella normal, como si no pasara nada (quizás necesitara algo de tiempo para estar más relajada) y al rato, vuelves suavemente a intentarlo, y poco a poco a recuperar el ambiente cómodo que había.

Si vuelve a echarse a atrás, repites la jugada.

Con un par de veces como mucho es suficiente.

Si ves que ella se va a arrepentir no hagas esto, pues al día siguiente se sentirá fatal y nadie se merece esa sensación. Además de que te asociará a una mala sensación, por lo que seguramente no querrá volver a verte, sobre todo, cuando puedes esperar a otro día. Además muchísima gente se levanta por la mañana con muchas ganas, así que paciencia, no tienes prisa, eres un aven y un caballero.

- Sexo

Esta parte no entra dentro de este libro. Pero si quieres saber más, hay libros muy buenos en cuanto al tema.

Aquí te voy a comentar "La regla de las siete horas" que dice que, aproximadamente después de estar 7 horas con una mujer, ya está preparada para tener sexo.

Estas 7 horas pueden transcurrir en un día, en una semana o incluso meses. Se trata de sumar el tiempo que os vais viendo hasta llegar aproximadamente a 7 horas.

FRANJA 7: CABALLERO

Esta franja sucede desde que os acostáis por primera vez, hasta que no os volvéis a acostar o acabáis siendo novios.

Verás qué hacer para quedar como un caballero por tu interés, y el de ella.

Por ti, porque no te conviene que te tachen de aprovechado (recuerda el preinicio); y por ellas, porque son personas y no debes hacerles daño.

Verás cómo hacer: si no quieres volver a acostarte con ella, pero que no te tache de sucio; si quieres acostarte con una amiga suya; si la quieres a ella de amiga con derecho a roce o si la quieres de novia.

La única diferencia con el refuerzo intermitente del puente temporal, es que:

+ = llamada, mensaje, veros **(sexo)**
- = ausencia de contestación o castigo

¿Qué quieres deella?

1. Si quieres **no volver a acostarte con ella**:

+ - - - - - - -+ - - - - - - - - - - -+- - + - - - - - - - - - - - - - - - -+ - - - - - - - - - - - ....

Fíjate que cada vez hay más negativos en medio de los positivos.

2. Si la quieres **de amiga, te interesa una amiga de ella, o quieres que tu amigo escale con alguna amiga de ella**. ¡Ojo! si solo te has acostado una o pocas veces con ella. Si te tiene cariño, primero aléjate un poco de ella, como en la secuencia anterior, y después vuelve a tomar el contacto como en esta que te pongo a continuación:

+- - - - + - - - - -+ - - - - - -+-+- - - - -+ - - - - - -+ - - - - -+ - - -+ -++ - - - - - ...

Date cuenta de que la secuencia se mantiene.

3. Si la quieres de amiga con derecho a roce = amante:

+ - - -+ - + - - - - -+ - -+ + - - -+ - - - -+ - -+ - - -++ - - - - - -+ - - -+ - - + -- -...

Mira lo intermitente que es la secuencia, esto hará que realmente ella esté esperando tu llamada o contestación para volver a verte.

4. Si la quieres de **novia:**

+ - - + - - -+ - -+ - - - -+ + + - - - -+ - -+ - - -+ - + - - - + - - -+ - - -+ - + - - - +...

Observa como hay más positivos, y los espacios de negativos son menores. Te habrás dado cuenta de que siempre empiezas con un positivo. La razón es la misma por la que confirmas y la misma por la que le escribes o llamas al día siguiente de haberos besado. Es porque has de transmitirle la tranquilidad de que no eres un sucio que solo quería eso de ella.

Gracias al refuerzo intermitente ella estará loquita por ti, pero para las amigas serás un mal tío (por decirlo educadamente) por no haberla llamado el día después de haberte acostado con ella.

Piensa que en su genética, ellas cuando conciben un hijo, su cuerpo se deforma, pierden calcio...invierten mucho de ellas. Por eso no se van a la cama con cualquiera, aunque la sociedad actual cada vez haga más mella en esto. Pero están programadas así genéticamente para su supervivencia y la de sus descendientes.

Una vez que conoces estas secuencias irás variándolas dependiendo de lo que quieras de ella. Por lo tanto, si en principio no te convence mucho pero te cae bien, pues como amiga; si luego, en un futuro la quieres como amiga con derecho a roce, pues cambias de secuencia; y así como tú quieras. Esto bien hecho también juega a tu favor en futuros preinicios con sus amigas o conocidas.

¿Cuándopuedo dejardehacerel "refuerzo intermitente"?

Cuando sea tu novia. La incertidumbre (imprevisible, RIA) que le creas es buena si no es tu pareja. Una vez que sea tu pareja necesita seguridad, no incertidumbre, pues eso le creará desconfianza; y si en una pareja no hay confianza, tarde o temprano se acabará.

Tras esta información que te acabo de dar, me siento éticamente obligado a decirte que no juegues con sus sentimientos.

Es más, en ocasiones si no quieres volver a acostarte con ella se totalmente sincero y díselo. Eso sí, en su idioma y con tacto. No se puede enfadar porque seas honesto, tanto con ella, como contigo. No se puede enfadar contigo por sentirte como te sientes.

Insisto: no la engañes, es una persona y ninguna persona merece que jueguen con ella. Además, no hay necesidad.

CONSEJO PARA DOMINAR LA ESCALADA

Antes de pasar a la siguiente parte del libro decirte que: debes subir de nivel poco a poco en tu aprendizaje.

Con esto quiero decirte que afiances un nivel antes de pasar al siguiente. Siendo los niveles, uno por cada presa del rocódromo.

Hay algunas presas que no cuentan, quedando entonces:

Niveles aven

Nivel 1: llamar su atención

Nivel 7: beso

Nivel 2: apertura

Nivel 8: Invitación a cita

Nivel 3: E.C

Nivel 9: Invitación a intimidad

Nivel 4: PDE

Nivel 10: sexo

Nivel 5: semi/aislar

Nivel 11: quedar como un caballero

Nivel 6: cierre simple

Nivel 12: controlar la franja del caballero

(La diferencia entre el nivel 11 y el 12, es que en el 11 eres capaz de quedar como un caballero después de una noche de sexo, pero en el 12, controlas perfectamente cualquiera de las cuatro posibilidades de esta franja y cómo pasar de una a otra, conservando siempre una buena relación con las mujeres con las que te has acostado).

Ve subiendo de nivel una vez que tengas controlado en el que estás, pues si te marcas metas demasiado altas acabarás desanimándote.

Concéntrate en divertirte y afianzar el nivel en el que estás antes de pasar al siguiente. Tu objetivo es este y divertirte, y no acostarte con ella; eso vendrá solo.

RESUMEN DE LA ESCALADA

FRANJA 1: PREINICIO:

- **Llamada de atención**

Lo que ella ve o sabe de ti antes de que hables con ella por primera vez.

FRANJA 2: INICIO

Dentro de esta franja tenemos estas presas:

- **Apertura:** Cualquier palabra o frase que le digas por primera vez. El ejemplo más claro de lo que es una apertura sería: "Hola".

- **Kino ocasional (k.o):** tocar ocasional o accidentalmente a alguien.

- **E.C:** consiste en hablar de ti y de ella/s. Deja de hablar de cosas como el tiempo para entrar en una conversación más íntima.

- **Punto de enganche (PDE):** Llegas a esta una vez que ella/s te demuestra que quiere/n que te quedes con ella/s y no que te vayas.

- **Semi/aislarse:** Tienen el mismo fin, anular el factor fulana externo, pero es más útil aislarse.

FRANJA 3: AISLAMIENTO

Durante esta franja estáis a solas hablando, aislados o semiaislados.

Esta se compone de:

-**Sexualizar:** se trata de crear tensión sexual dejando claro que no queremos ser simplemente su amigo. Recuerda que suele estar aquí, pero que es la que separa los dos rocódromos (amigo y amante).

-**Kino intencionado (k.i):** a diferencia del ocasional, este deja ver que hay una intención en ese toque como, por ejemplo, un abrazo o coger de la mano.

-Cierres simples (c.m): Al igual que cuando se produce una venta se le llama "cierre de la venta" pues para nosotros los cierres son eso. Confirmas que queréis veros otra vez, en el caso de los cierres simples (móvil, Facebook...)

-Cierre beso (c.bs): en este caso el cierre es sexual, ya que se cierra con un beso. Por lo tanto dejáis claro que si todo va bien, habrá sexo.

-Confirmar: que vea que eres el mismo al que le dio el número de teléfono o el beso, y que no piense que solo era eso lo que buscabas de ella.

FRANJA4:PUENTETEMPORAL (P.T)

Esta franja se desarrolla en el tiempo que no os veis, es decir, desde que os despedisteis hasta que os volvéis a ver, así como el tiempo que hay entre cita y cita.

Esta franja consta de:

-Reconfirmar: esto simplemente es volver a confirmar cuando la llames o le escribas.

-Invitación a citas: esta es la invitación que le harás para quedar.

El instrumento psicológico más útil que vas a usar es el refuerzo intermitente o refuerzo Skinner.

FRANJA 5: CITAS

Esta franja es lo que coloquialmente conocemos como cita.

Esta se compone de:

-C.bs

-Reescalar

-Invitación a la intimidad: esta es la invitación al lugar donde tendréis sexo.

FRANJA 6: INTIMIDAD

Esta fase sucede en el lugar donde tendréis sexo.

Se compone de:

-Reconfirmar y/o reescalar

-Sexo

-Resistencia del último minuto (rum)

FRANJA 7: CABALLERO

Esta franja se da después de que hayáis tenido sexo. Una vez que acaba el sexo del primer día, comienza esta franja.

Esto bien hecho también juega a su favor como persona, y a tu favor en futuros preinicios con sus amigas o conocidas.

3º CONCEPTOS
AHORA QUE YA SABES JUGAR

UTILIDAD E IMPORTANCIA DEL ALA

El Ala es tu compañero de "juego".

Antes de empezar debes tener siempre presente que no debes dejar que desprestigien a tu ala ni hacerlo tú. Es tu amigo, y lo es porque él también vale mucho como persona, es un crack y para ti vale más que ellas. Si el requiere de tu atención se la darás, interrumpiéndolas si hace falta.

Tu "ala" es muy importante ya que puede hacer cosas que te ayudarán, igual que las puedes hacer tú cuando hagas de "ala":

-Darte atractivo: tu ala se te acerca y dice comentarios buenos sobre ti que ella oye, o directamente se los dice a ella, y que reflejan RIAs de ti.

Por ejemplo:

Ala: - No te preocupes que me voy luego con estos, y no me tienes que llevar a casa -. Ella entiende que tienes coche.

-Regalarte: es parecido al anterior. Tu ala puede contar información directamente acerca de ti, que si tú contaras parecería que te estás regalando. Estarías regalando información.

Por ejemplo:

(Estáis hablando con un grupo de varias mujeres sobre la playa).

Ala: - Cuéntales cuando salvaste a aquella mujer de que se ahogara.

Esto, si directamente lo cuentas tú, parece que te estás esforzando por impresionarlas, pero si lo hace tu ala, ya no.

-Ayudarte a escalar:

Un ala puede ayudarte a escalar, el ejemplo más claro es semi-aislándote.

Por ejemplo:

Estáis hablando con un set de tres (grupo de tres personas), y entonces él saca algo para hablar solo con las dos que no te gustan:

Ala: - ¿Chicas, y vosotras dos de qué os conocéis? - Bajando un poco la voz para que la otra no lo oiga y mirándolas solo a ellas dos.

-Decirte cosas que tú no ves:

Muchas veces de fuera ves cosas que desde dentro cuestan ver, o directamente no ves.

¿Cómo me lo dice?

a) Verbalmente: en un momento que estéis a solas, o vayáis juntos a pedir algo, pues aprovecha y te lo dice.

b) Por señas: establece unas señas no verbales con él para que él te indique si cree que ya la puedes aislar, o besar, o realizar cualquier cierre, etc.

TIPOS DE MUJERES SEGÚN SU CLASIFICACIÓN

Se les pone una puntuación a las mujeres, simplemente porque suelen tener cosas en común en su comportamiento aquellas mujeres de belleza similar. Lo cual nos sirve sobre todo, para tener una idea de cómo responderá una mujer ante una actitud u otra. Esta calificación va después de las iniciales TB* (tía buena).

Por ejemplo:

Si te acercas y descualificas, a una TB 5, se va a sentir fatal y seguramente sea antipática contigo. Sin embargo si entras de esa manera a una TB 9 o TB 10, les parecerás desafiante, difícil, pícaro o similar.

No obstante, más que TB 9 o TB 10, las llamo "subidas" o "creídas", pues conozco a mujeres TB 9 y TB 10 que son muy humildes, e incluso con el autoestima baja, y que si se te ocurre decualificarlas, te mandarán a paseo, por hacerlas sentir así.

Mi conclusión, cuando veas una mujer, mira a ver qué impresión te da. Y si es una "subida", puedes descualifícarla. Si es una mujer normal, puedes decualificarte tú, pero no la descualifiques a ella.

LA DELICADA LÍNEA DE LA AMISTAD

¿Te dijeron alguna vez: "te quiero, pero como a un amigo"? ¿O lo que es aún peor: "te quiero, pero como a un hermano"? ¿Te preguntaste alguna vez: "en qué momento nos hemos convertido en solo amigos"?

Si respondiste a las tres preguntas que sí, es porque eres de este planeta, así que tranquilo, esto tiene solución, y es aprender a tantear la interacción.

Te daré unas pistas que te ayudarán a evitar que te pongan el cartel de amigo.

Lo primero que has de saber es por donde anda la delicada línea de la amistad:

Para la inmensa mayoría de ellas:

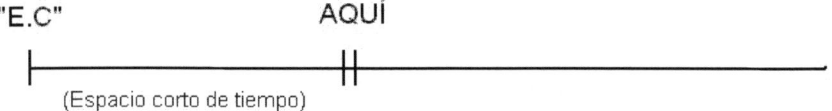

"E.C"   AQUÍ

(Espacio corto de tiempo)

Para prácticamente todos nosotros, (hay hombres que ni la tienen):

"E.C"   AQUÍ

(Espacio largo de tiempo)

Lo más importante para que no te pongan el cartel de amigo es que en que cuanto puedas lleves a cabo:

- **El siguiente paso**: Si una mujer te da señales de avanzar, avanza, o perderás atractivo mientras se aburre. Si quiere que la toques, tócala; si quiere que os beséis, ¡bésala!

- **Sexualiza** en cuanto puedas.

-**IDIs y CDIS**: aprende a ver los máximos posibles de ellos, ya que los habrá y no se te deben pasar por alto. Cuantos más haya de estos, evidentemente, mucho mejor, pero acuérdate de avanzar. Como siempre, la experiencia es un grado, pero lo que has aprendido en este libro en cuanto a IDIs y el lenguaje del cuerpo (página 128), te facilitarán muchísimo el darte cuenta.

- **Kino Intencionado:** esto bien hecho hará que ella quiera que toques más, que prefiera que la toques a que no la toques. Hecho correctamente es un arma muy poderosa de cercanía. Has de tener cuidado con activar sus defensas, a ninguna le gustan los pulpos.

APRENDE A JUGAR CON LOS LUGARES

Tipos de lugares: el de encuentro (E); el aislado (A); y el de sexo (S).

Tipos de movimiento para pasar de un lugar a otro: aislamiento (a), trasladaros (t), PT (este se da entre cualquiera de los tres lugares).

Te recuerdo las "franjas del rocódromo":

1. Preinicio	4. Puente temporal (PT)	7. Caballero
2. Inicio	5. Citas	
3. Aislamiento	6. Intimidad	

- Secuencia normal:

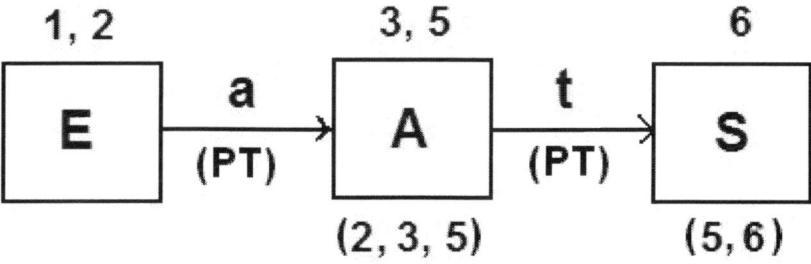

- Secuencia rápida:

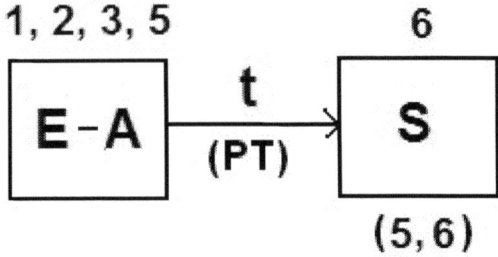

Cuanto más próximos estén los tres lugares mejor.

Si hay PT, que está representado entre paréntesis, quiere decir que entonces empiezas por las franjas que están también entre paréntesis.

Pero si te fijas en la secuencia normal, habrá ocasiones en las que se produzca el PT entre el lugar de encuentro y el de aislamiento, pero que no suceda entre el lugar de aislamiento y el del sexo. Por lo tanto, al no haber PT sino que te trasladas, empiezas por la franja que está sin paréntesis (la 6ª), igual que está representado "trasladarse".

Quedando así 4 caminos diferentes para la secuencia normal:

1º E, a, A, t, S

2º E, a, A, PT, S

3º E, PT, A, PT, S

4º E, PT, A, t, S

ME GUSTA MUCHO, TENGO GANAS DE LLAMARLA/ESCRIBIRLE

Es normal que esto te pase cuando estás empezando a conocer a una mujer que te gusta mucho.

No obstante, ya has aprendido cómo va esto y que no debes llamarla. Ante la duda, no llames. Mejor quedar de pasota que de pesado.

Hay gente que dice que esto no es natural, que deberías llamarla.

Bueno, pues piensa en lo siguiente: imagina que acabas de conocer a una mujer, habláis quince minutos y os dais los móviles. Ahora, ella te llama al día siguiente cuatro veces porque estabas durmiendo y no te has enterado. Cuando hablas con ella te dice (lo que a ella le nace decirte, comportándose natural) que ha soñado que os casabais y teníais hijos y que, además, se despertó súper contenta con ganas de contártelo.

¿Qué piensas de ella? ¿Volverías a quedar? ¿Y si te lo cuenta después de dos meses de ser novios qué pensarías?

Cuando estés deseando llamarla piensa lo siguiente:

No llamarla o no escribirle, es un paso hacia delante y no hacia atrás.

A ti te nace comportarte como con un buen amigo al que quieres, que te cae bien; ser bueno; llamarla para quedar hoy otra vez; pero no puede ser, lo siento. No es tu amigo, es la mujer que te gusta, y son cosas muy diferentes.

Puede parecer artificial o triste, lo sé, pero es así. Y si ellas se enamoraran de hombres que les tiran pétalos de rosa por donde caminan, estoy seguro de que se extinguirían las rosas, el suelo de las calles estaría lleno de pétalos, o todos tendríamos algún rosal en casa. No obstante, como no es así pues...habrá que darles lo que quieren.

Y como lo que quieren es jugar...pues juguemos ;)

CÓMO JUGAR DENTRO DE UN GRUPO O SALA

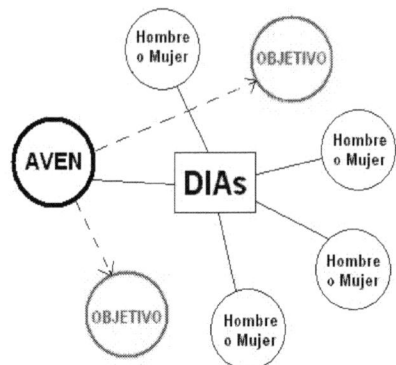

1° Durante todo el tiempo que estés con el grupo, o en la sala donde están tu o tus objetivos, harás demostraciones irresistibles de atracción (DIAs). Para ello utilizarás tanto al resto de las personas, como tu lenguaje corporal y demás cosas que has aprendido, para llamar su atención y crear atracción.

2° Antes de recibir IDIs de tu objetivo: prestas prácticamente el 100% de tu atención y tiempo a los demás, es decir, a todos salvo a tu objetivo.

3° Cuando has recibido algún IDI: prestas el 70-80% de tu atención y tiempo a los demás, y a tu objetivo el otro 20%.

Si no recibes ningún IDIs, pasado un rato, hablas con ella (un comentario o hablas unos minutos) y, a parte de hacer DIAs, te descualificas o la descualificas según veas.

4° Cuando ya estás recibiendo IDIs: si son claros y ya has demostrado ser difícil, la premias prestándole más atención y tiempo.

Irás aumentando tu atención a ella conforme ella se la vaya ganando, pues eres difícil, hasta el punto en el que la aisles.

Quizás hayáis estado aislados (incluso besaros en ese momento) y volváis con el grupo después. En ese caso, varía la atención y tiempo que le dedicas intermitentemente, ya sabes cómo y para qué.

Cuando se lo "vuelva a ganar", tienes varias opciones para seguir escalando: aislarla de nuevo, realizar algún cierre (o varios), invitación a cita, invitación a la intimidad, y tantas como se te ocurran y veas posibles en el momento.

- 114 -

LA TEORÍA DEL ÁREA

Esta consiste en que cada uno tenemos un área alrededor de nuestros labios, similar al área de un campo de fútbol sala.

Vista desde arriba de un hombre

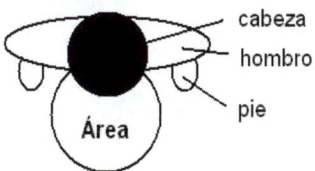

Este área tiene aproximadamente la magnitud que se aprecia en el dibujo.

La teoría es que si una mujer permanece más de un segundo dentro del área, la beses. Ella entrará en tu área con cualquier excusa, o la introduces tú disimuladamente a ver qué hace.

Si permanece más de un segundo, sea cual sea el motivo, la besas.

Eso sí, cuidado con el factor fulana y todo lo que has aprendido.

LA TEORÍA DE LA BURBUJA

Las mujeres se acuestan con dos tipos de hombres:

1º. Con el que quiere acostarse regularmente, que es el que te estoy enseñando en este libro.

2º. Con el que les proporciona un encuentro sexual esporádico y emocionante, que es que te voy a explicar ahora.

Esta teoría trata de crear una burbuja irresistible a tu alrededor, con las siguientes características:

- Aquí dentro no se te juzga.
- Puedes ser libre.
- Puedes ser tú misma.
- Aquí se vive el momento.
- Aquí se viven aventuras.

- 115 -

- Mi burbuja es sexual/sensual.
- Lo que vivirás aquí será único.

¿Coges la idea?

Aunque su cultura, o prejuicios inculcados, no la dejen ser libre de vivir una aventura que en el fondo quiere vivir, si eres capaz de crear esta burbuja e introducirla, ella querrá vivir esa experiencia contigo. Si la atraes, por supuesto, como ya te he explicado en este libro.

Para vivir esto necesitas mucha práctica y combinar DIAs, con la teoría de la burbuja.

QUÉ HAY QUE HACER CUANDO HAY ALGUIEN MOLESTANDO

A este tipo de persona se la conoce como "blocapollas", y cuando te ocurre esto haz lo siguiente:

Imagina que esta persona viene llamando la atención y se pone a intentar hablar con ella:

1º Si la ves venir, haces como si no la hubieras visto y le das la espalda para que cuando llegue se encuentre una espalda; te acercas a la mujer con la que estás hablando como para decirle algo al oído y le tocas la espalda menos de un segundo. Pero aunque no la estés tocando no quitas la mano de ahí hasta unos segundos después, para que el/la blocapollas vea el paso totalmente cerrado.

Si no la ves venir (a dicha persona), evita mirarla a los ojos y, disimuladamente, con tu lenguaje corporal, lo hechas. Dale un poco la espalda o cierra el círculo (que se forma cuando varias personas hablan), pero que la mujer con la que estás no te vea que le huyes la mirada a dicha persona. Si tu objetivo te está mirando, entonces al blocapollas lo/a miras a los ojos; eres un macho alfa. Pero brevemente, con una sonrisa, y sigues hablando con ella.

2º Bajas un poco la voz de tal manera que le cueste oírte, pero que tu objetivo si te oiga.

3º Le preguntas o sacas un tema de conversación con ella que el blocapollas o la blocapollas, no tenga ni idea, que no pueda opinar o no sepa opinar. Si es algo que ya estabais hablando antes tú y ella, mejor.

Si es tu amigo/a (el/la blocapollas) el proceso es similar, pero más sencillo. Lo miras y le haces disimuladamente un gesto de que se vaya, o se lo dices educadamente.

Si tu amigo/a no se entera, o no se quiere enterar, pues haces lo mismo que te he explicado antes.

Ejemplo:

No lo ves venir y llega diciendo algo como:

Blocapollas: - ¡Hola! ¿Qué tal estáis tortolitos?

Aven: (le das la mano, sonríes mientras lo miras a los ojos) - Bien hombre, gracias – (acto seguido conforme estás terminando tu frase sin mirarlo a los ojos, la miras a ella y le dejas de dar la mano mientras empiezas a darle la espalda). Este proceso es cuestión de segundos.

Aven: (le dices algo a ella en un volumen de voz que él apenas oye) - El caso es que no entiendo por qué respondiste así a aquella persona - (¿ves?, el/la blocapollas no se va a enterar de nada de lo que estáis hablando)

Ella te responderá sin hacerle caso al blocapollas.

NO PASES POR EL ARO, QUE PASE ELLA

Los aros son pruebas que ponen las mujeres para ver si eres un hombre atractivo de verdad o solo lo pareces. Si caes en uno de ellos, te meterá en el saco de los típicos tíos con los que quizás se lleva bien, pero con los que no se acuesta y, por consiguiente, jamás se los echa de novio.

Y si no eres diferente a ellos, ¿por qué se va a acostar contigo y no con los otros cincuenta que conoce?

El ejemplo más común:

Ella: -¿Me invitas a una copa?

Aven: - ¿Yo a ti? ¿Por qué?

Ella: - Porque te caigo bien.

Aven: (actitud entre serio, indiferente y de broma; algo ambiguo, pero nada de enfadarte) - Y yo a ti, por lo tanto también podrías invitarme tú. De hecho, con este comentario, lo acabas de estropear un poco (la castigas), pero tiene arreglo. Invítame a un chupito.

¿Ves? El aven refleja tener la mentalidad aven en su comportamiento.

RUTINAS Y PARA QUÉ SIRVEN

Las rutinas son frases hechas, juegos o cualquier otra cosa que tienes aprendida. Estas cosas las sacas en un momento dado, pareciendo espontánea, y que te ayudan a escalar.

Por ejemplo: las aperturas que ya traes preparadas de casa, o alguna pregunta que en cualquier momento haces y levanta la conversación, como: - ¿oye, y vosotras de qué os conocéis?.

Sirven también para escalar en ocasiones, y para "jugar" sin estar muy animado.

No he querido poner muchas rutinas en el libro por dos razones:

Primero, para que si te encuentras con la misma mujer que otro aven, no repitas lo mismo que le dijo antes el otro, porque eso te haría perder atractivo (ya no serás diferente), o incluso ponerte algo difícil salvar algunas situaciones.

Y en segundo lugar, porque no quiero limitarte. Si te pongo demasiadas rutinas te acomodarás, y no crearás las tuyas propias.

Ya verás que cuanta más experiencia vayas teniendo, más rutinas irás creando sin darte cuenta.

Además, puedes prepararlo en casa. Yo soy partidario de que si los jugadores de fútbol practican entre semana, y calientan antes de jugar, nosotros también podemos.

Porque es eso, un juego en el que tanto nosotros como ellas, nos divertimos.

INVIERTE LOS PAPELES

Consiste en hacer comentarios como ella te haría a ti, donde proyectas RIAs como que tú eres el premio, que no besas a cualquiera (eres difícil), y demás pensamientos que suelen tener ellas.

Cuando tengas la "mentalidad aven" te saldrán solos.

Por ejemplo:

Aven: ...necesito más que belleza en una mujer para besarla...

Aven: ...no quiero hacer las cosas tan rápido...

Aven: ...aún no te conozco lo suficiente para eso...

Si te lo propones, este día llegará.

LA IMPORTACIA DE TOCARLA (KINO)

Hay dos razones básicas por las que es tan importante el kino, una es psicológica y la otra fisiológica.

La razón fisiológica tiene relación con la "oxitocina". Esta es una hormona que está conectada a procesos como el orgasmo o el enamoramiento, y que la libera el cuerpo humano a consecuencia del contacto físico.

La psicológica te la explico mejor con un ejemplo:

Imagina que tienes una cita con una mujer, pasáis una tarde increíble, pero no la tocas en ningún momento. Cuando termina la cita, la acompañas a casa y te encantaría besarla, pero al acercarte ella, se aleja. Es normal, ha sido muy brusco. Si os hubierais estado tocando todo el rato, el beso sería mucho menos forzado, más natural. La invasión de su espacio vital sería menos brusca. Existe la posibilidad de que no se aparte, pero si lo hace a pesar de que todo fue perfecto, ya sabes por qué.

Será mucho más fácil llegar al beso si vas escalando poco a poco, primero kino ocasional, luego kino intecionado y, más tarde, el beso.

Cuando empezáis con el contacto físico, empezáis a liberar oxitocina volviéndoos lentamente adictos a ese contacto (sobre todo ella) y después de varias noches (o mañanas o tardes) de sexo, adicta a ti.

El kino es absolutamente necesario. Aprende a usarlo.

ARREPENTIMIENTO DEL COMPRADOR

Esto se llama así porque la sensación es similar a la de cuando compras algo rápido, sin pensar, dudoso y dejándote llevar. Compras algo y luego te arrepientes porque en realidad no lo querías comprar.

Pues igual pero trasladado a cuando te acuestas con una mujer. Ella puede que lo haya hecho demasiado rápido, sin pensar, dejándose llevar y dudosa, sin motivos de peso para ella.

Es por esto, por lo que en ocasiones ella no te coge el teléfono, o incluso una vez que te has acostado con ella, no devuelve tu llamada o mensaje, en definitiva, te evita.

¿Qué hacer entonces?

Empieza casi desde el principio a escalar. Ella necesita motivos para haber hecho lo que hizo, pues dáselos. Vuelve a escalar desde "E.C".

Una vez que ella siente que tiene motivos para hacer lo que hizo, será mucho más fácil que te vuelvas a acostar con ella que si no lo hubieras hecho antes.

Normalmente una mujer antes de acostarse contigo quiere que le des motivos para hacerlo, y una vez que ya lo ha hecho, ella sola busca motivos por los que lo hizo. Si no los encuentra surge el arrepentimiento del comprador.

Si no quieres que esto te pase, juega una partida limpia y sólida. No engañes, y haz que te sienta cercano y respetuoso. Si lo haces así, después del sexo quedará mucho más enganchada a ti.

ELLAS TAMBIÉN SON PERSONAS

Hay muchos hombres, yo antes era uno de ellos, que piensan que las mujeres son semidioses.

¡No!

Son personas normales y corrientes. Les gusta divertirse, escuchar música, lloran, se caen, comen, se equivocan, etc.

Les encanta el sexo, aunque no piensen tanto en él como nosotros. Solo necesitan excusas para acostarse contigo, excusas que ya sabes cuales son.

Al igual que tú, tienen sentimientos. Y por eso no debemos jugar con ellos. A todos nos han hecho mucho daño, pero no por eso debemos pagarlo con ellas. Puedes tener sexo de una noche y ser respetuoso.

Es importante bajarlas del pedestal en el que las tienes subidas, porque como te he dicho, las has subido tú. No están por encima de ti.

Hay otras, que son las típicas subidas, que se subieron ellas; no obstante, cuando conozcas a un par de ellas, te darás cuenta de que no son tampoco lo que parecen.

Recuerda que las pones tú ahí, ya que por mucho que ellas lo puedan intentar, la última palabra la tienes tú, tú eres dueño de tus pensamientos.

DIFERENCIA ENTRE "JUGAR" POR EL DÍA Y POR LA NOCHE

En la facultado el trabajo (lugardonde normalmenteosencontráis):

Esta es la forma más sencilla, pues tienes tiempo de sobra para escalar a tu ritmo, cuando te apetezca, ya que te la vas a encontrar con regularidad.

Ya te puse este ejemplo en la explicación del rocódromo, pero te lo repito aquí, para que ahora que sabes "jugar", lo examines detenidamente:

Ella ve como en el trabajo/facultad demuestras seguridad en ti mismo a la hora de caminar y hablar con la gente Y ve que tus compañeras se acercan a ti, te saludan, tienes una imagen (no hablo de físico) que le gusta, etc.

Uno de los días en que te la cruzas o estás cerca, dices algo como:

Aven: - ¿sabes si la máquina de café funciona? – (apertura) .Actitud: risueño y alegre, con energía positiva.

Ella: - lo siento, pero no tengo ni idea.

Aven: - no te preocupes, gracias - . Sonríes y le das un toque en el hombro con la mano (k.o) y te vas.

Otro día te la vuelves a encontrar y:

Aven:- hola - (apertura). A partir de aquí ya siempre os saludaréis cuando os veáis.
Ella: - hola -. Y seguís caminando.

Un día que la pilles en un descanso, o en algún sitio donde puedas hablar unos minutos, entonces:

Aven: - ¡hola! ¿Qué tal? - (apertura).

Ella: - bien, ¿y tu?

Aven: - pues más o menos, ayer vinieron mis hermanos a casa con ganas de cachondeo y no me dejaron dormir en toda la noche. ¿Tú tienes hermanos? - (E.C).

Ella: - pues sí, tengo un hermano y es un pesado. ¿Cuántos años tienen los tuyos? - Ha mostrado interés y ya has "cogido" la presa del punto de enganche.

Digamos que ella está apoyada en la pared, de donde sea, pues ese es tu sitio, así que le dices algo como:

Aven:- a ver, déjame un segundo – (Te apoyas donde está ella o cerca, te pones como a mirarte la suela del calzado) - pensé que se me había pegado algo, continúa con lo que me decías - (y te pones donde estaba ella o, a las malas, a su lado imitando su postura "posicionarse").

(Esto sucede durante cualquier conversación)

Ella: - El otro día ayudé a mi abuelita a hacer la compra.

Aven: - Me parece muy bonito - Le pasas la mano por el brazo mientras se lo dices (k.i). Actitud: pícaro y gracioso.

(Seguís hablando)

Ella: - Me encantan las películas de acción.

Aven: - A ver, estudias medicina, te gustan las películas de acción...dime que te gusta la cerveza y me caso contigo (sexualizar) -. Actitud: pícaro y gracioso.

(Seguís hablando)

Aven: - Me encantaría seguir hablando pero he de irme, vamos a darnos los teléfonos y otro día seguimos hablando más tranquilamente - (c.s) Actitud: hablando sonriente pero en serio.

En un parque:

Ella ve que caminas seguro de ti mismo, tienes una imagen que le resulta agradable, te mueves con un lenguaje corporal alfa.

Ella se pone a mirar unos patos que hay en un estanque. Tú te pones cerca, casi al lado, a unos dos metros, por ejemplo.

Aven: - ¿Has visto a ese pato? ¿Tiene un pico que parece un loro? - Utilizas la circunstancia en tu apertura.

Ella: (risas) -Es verdad.

Aven: -Es la primera vez que veo un pato-loro.

Ella: (sonríe) -Yo también.

Aven: - ¿Entonces tú tampoco habías venido a este parque antes? - (E.C)

Ella: - Sí, unas pocas veces.

(Seguís hablando)

Ella: - El otro día ayudé a mi abuelita a hacer la compra.

De aquí en adelante es igual que una cita. Además tienes la ventaja de que, en este caso, estáis ya aislados.

En la noche:

Ya te puse este ejemplo en la explicación del rocódromo:

Ella ve que te bajas de tu coche propio, la camarera te saluda y el dueño te invita a un chupito (DIAs). Tú estás sonriente (energía positiva), divirtiéndote con dos amigos y dos amigas (preselección).

Al rato de estar divirtiéndote con tus amigos, como ella esta cerca con sus amigas, te giras y les dices:

Aven: - estábamos aquí discutiendo una cosa, a ver si nos podéis ayudar, ¿vosotras creéis que la amistad entre exparejas es posible? - (apertura). A la misma vez, le tocas el brazo para llamar su atención (k.o) a una de ellas, y si ya estás posicionado al lado de la que te gusta, mejor aún. Actitud: risueño y alegre, con energía positiva.

Ella: (...)

Aven: - ¡por cierto! ¿De dónde sois?- (E.C)

Seguimos hablando:

Ellas: - pues de Cartagena -.

Una de ellas dice: - ¿y vosotros? - O - ¿y tú? - Aquí ha mostrado interés y estás en la presa del punto de enganche.

Lleváis un rato hablando y estás hablando con la que te gusta mientras el resto hablan de otras cosas por su cuenta (semi-aislada), aunque todos en el mismo círculo. En ese momento le dices:

Aven:- voy a pedirme algo, acompáñame - (conforme lo vas diciendo la coges del brazo y empiezas a caminar). Una vez aislada entras en la franja de "aislamiento". Tú vas delante y, cuando llegáis a la barra, te apoyas en ella de tal manera que ella le da la espalda al pub/discoteca (estás posicionado) y además le preguntas qué quiere, y pides tú quedando como un caballero con las cosas claras.

A partir de aquí fíjate como es idéntico que antes, quiero que veas que solo cambia el principio:

Esto sucede durante cualquier conversación que tengas con ella, sea en un parque, el trabajo, la facultad, un pub, etc.

Ella: el otro día ayudé a mi abuelita a hacer la compra

Aven: - me parece muy bonito - Le pasas la mano por el brazo mientras se lo dices (k.i). Actitud: pícaro y gracioso.

Como te habrás dado cuenta, en los tres ejemplos (lugar donde la sueles ver, parque y en la noche) la única diferencia es el principio, el resto es igual.

"JUGAR" POR INTERNET

Ten en cuenta que se pierde el 55% (lenguaje corporal), incluso el 38% (tono de voz) también, pudiendo ella interpretar el 93% como le plazca, se encuentre o según te conozca.

Es por esto por lo que hay malas interpretaciones, y luego es un lío arreglarlo y explicárselo.

Hay dos opciones: empezar desde cero, es decir, que no la conoces de nada; y escalar desde que la conoces, pues ya la conociste en persona o a través de Internet.

1. Empezar desde cero. Por ejemplo, por el Badoo o red social (agregándola sin conocerla). La mayor diferencia con escalar en persona, es que te va costar más llamar su atención y empezar una conversación. Ya que esto es puro escaparate, no es tan importante tu apertura, sino tus fotos (carta de ventas) y que le gusten a dicha mujer. Como lo que te comentaba de la "importancia del Facebook".

Cuando hagas una apertura, hazla con un cebo los más jugoso posible en base a lo que sabes de ella, por sus fotos, localidad, edad... y que sea corta y clara.

2. Una vez que la has conocido, ya sea en el trabajo, una noche, por el Badoo o el Facebook, en un parque... y quieres escalar por Internet, aunque sea un poquito, para invitarla a una cita. Entonces es lo mismo que en persona. Se escala igual, salvo por que no podéis tocaros y así escalar físicamente, no pudiendo llegar tampoco al beso; y que al estar ya supuestamente aislada, y vuestra conversación formar parte del PT, la invitación a la cita es la presa más "alta" que vas a alcanzar.

Para escalar por Internet usa emoticonos. Estos harán más fácil que ella pueda interpretar tu lenguaje corporal y tu tono de voz. No es lo mismo que en persona, pero facilita la comunicación y evita algunos malentendidos.

Con lo que sabes ya, y esto que te acabo de contar, tienes más que suficiente para tener éxito por Internet. Ahora solo necesitas practicar y practicar.

CÓMO HACER UN TRÍO

Si en algún momento quedas con una mujer y esta te aparece con una amiga, no pienses: "puf, que desastre", ¡no! Aprovecha la situación, tienes a dos mujeres aisladas para ti.

Si has entrado a un grupo de tres con tu ala, y él se ha aislado con una, ya tienes a dos para ti, ¡inténtalo!

¿Y qué hago?

-Escala equitativamente: realiza la escalada al mismo tiempo con las dos. No te centres más en una que en la otra, sino en las dos por igual.

Por ejemplo, si realizas kino intencionado con una, pues házselo también a la otra.

Aven: (después de darle un abrazo a una, le dices a la otra...) - ven, dame un abrazo tú también - (sonriente y pícaro).

-Mete mensajes subliminales: de vez en cuando, en los temas de conversación, decir cosas no relacionadas con el sexo (por eso es subliminal) como: me encanta vivir experiencias nuevas; me gustan las chicas aventureras; hay que vivir el momento; me gusta la gente en quien se puede confiar... Recuerda la "teoría de la burbuja", y métela en tu burbuja.

-Aíslalas: este concepto es el mismo que antes, solo que no aíslas a una mujer sola, sino a dos mujeres a la vez.

Por ejemplo:

Aven: - En mi casa tengo una botella de un ron buenísimo, vamos a echarnos la última allí para que lo probéis.

-Sitúate en el centro: Una vez las tengas aisladas, sitúate en el centro de las dos, ni alejado, ni ellas por un lado y tú por otro, sino en medio, y los tres los más juntos posibles.

-Juegos eróticos: introducir algún juego para calentar el ambiente, como el "yo nunca he" (dices "yo nunca me he comido algo crudo") y quien lo haya hecho bebe. Empiezas con tonterías así, y empiezan a subir de tono las cosas, y a ser más sexuales.

-Proposiciones sexuales disimuladas: cosas que sigan calentando el ambiente disimuladamente.

Por ejemplo:

Aven: - ¿Chicas, nunca habéis besado a otra mujer?

Ellas: - Sí, claro.

Aven: - ¿Y entre vosotras?

Ellas: - Sí/No.

Aven: - A ver, que yo lo vea.

Ellas: (se besan)

Aven: - ¡Eh, ahora yo también quiero! - (y besas a una, mientras le pones la mano en la rodilla a la otra).

Después, te separas, sonríes y besas a la otra mientras acaricias a la primera.

Y a partir de aquí, ya es cosa tuya.

CÓMO VER QUE LE GUSTAS SIN QUE TE LO DIGA

Esta es la parte del lenguaje corporal y todo lo que aquí explico sobre él; es válido tanto para hombres como para mujeres. Hay pequeñas diferencias que también te explicaré en su momento.

El psicólogo Albert Merabian, mediante sus experimentos, nos ha desvelado que en la comunicación, el 55% pertenece al lenguaje del cuerpo, el 38% al tono de voz y solo el 7% a lo que dices (tus palabras). Así que aquí te enseñaré los rasgos principales y más comunes para interpretar ese 55% (más de la mitad).

Cabe destacar que nosotros aprendimos a mentir con las palabras, incluso con el tono de voz, es decir, con el 45% de la comunicación, pero lo que no sabemos es mentir con el lenguaje del cuerpo.

Hay que tener en cuenta que no vale con que solo nos hagan un gesto, es un conjunto de posición, gestos, microcaricias y micropicores. Se trata de descifrar el mensaje.

Cuando controles este tema, es como el que aprende a leer (aprendes a leer sus señales), que a la misma vez estás aprendiendo a escribir (proyectar las señales que quieres que reciba su subconsciente).

- *Microcaricias:* Estas siempre representan una sensación agradable. Por ejemplo: una leve caricia en el brazo.

- *Posición:* En un gran grupo de personas, cada persona inclina su posición hacia la persona que más le interesa en ese momento. Por ejemplo: las mujeres apuntan el tobillo.

- *Micropicores:* Estos son unos picores que duran segundos y no dejan marca. Son provocados porque el cerebro manda un mensaje a nuestro cuerpo, que este no hace o dice y, por lo tanto, pica.

Por ejemplo: si estamos hablando de pie con alguien y queremos irnos, nos pica la pierna por la parte de atrás, porque nuestro cerebro le ha mandado aumentar la circulación sanguínea a la pierna, para marcharse y, por no moverse, pues nos pica.

1. ESPACIO Y CUERPO

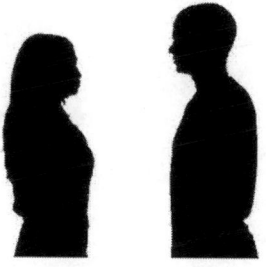

En el primer contacto o acercamiento entre dos personas, si uno entra en la burbuja del otro, entonces se "come" su energía. Por lo que esta postura se considera agresiva o incómoda.

Si entras demasiado rápido en su espacio vital, en lugar de un halago, esto lo tomará como una agresión que le incomodará.

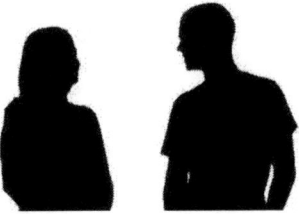

Entonces, se aconseja que en ese primer acercamiento dejes el espacio de comunicación abierto: "el cuerpo de los dos mirando hacia la misma dirección".

La distancia que te separa cuando hablas con la gente varía, generalmente, de 0'5 m cuando hablas con alguien de confianza o con quien estas a gusto, a alrededor de unos 1'3 m cuando hablas con alguien menos cercano a ti.

Has de tener en cuenta que nuestro cerebro es pragmático, que casi no concibe un acercamiento afectivo sin un acercamiento físico. Por lo tanto, debes ir poco a poco (según veas la situación), acortando distancias.

Cuando estás como a 2'5 m de la otra persona, ya no te fijas en la posición de su cabeza, sino en su posición en el espacio.

Nota: No pongas tu bebida a la altura de tu pecho, es una barrera, ponla a la altura de la cadera.

Cuando uno es flexible con respecto a lo que está hablando o la situación, esto se refleja en su cuerpo, este también es más flexible, menos rígido.

2. DEDOS

Con los dedos podemos rascarnos el dedo en cuestión, acariciarlo o rascarnos alguna parte con él.

EL pulgar: es el dedo de "vive" o "muere". Hacia arriba sería "vive", "ok", "vale", "bueno". Por esto es diferente rascarse con el dedo hacia arriba que hacia abajo.

El índice: es el que representa el ego. Cuando preguntaban en clase: ¿Quién..? y decíamos: "Yo", o cuando queremos señalarnos a nosotros mismos lo hacemos con el índice, diciendo: "yo", "a mí".

El corazón: es el más largo, el que más se acerca a la gente y representa el deseo carnal. Si se acaricia o le pica, o se rasca con él, hay detrás deseo carnal.

El anular: cuando una persona desliza su alianza por el dedo anular (lo hacen aunque no haya alianza), significa que ya está preparada para desconectar del exterior y centrarse en ti.

El meñique: representa el corazón. Cualquier gesto con este dedo, lleva detrás una implicación emocional mayor que con cualquiera de los otros.

3. CABEZA

El inclinar la cabeza siempre provoca calma entre las personas.

Se realizó un experimento con unas fotografías de hombres y mujeres que parecían orgullosos, distantes, arrogantes, etc. Pues se les retocó la cabeza para que pareciera inclinada, y las mismas personas pasaron a parecer gente humilde, buena y agradable.

Los hombres suelen inclinar menos la cabeza, pero porque esta inclinación no refleja autoridad. No obstante, la cabeza inclinada diferencia una persona que se oculta tras su autoridad, de una persona directa y sencilla. El inclinar la cabeza refleja la capacidad de soltarse.

Es por esto por lo que para crear un clima agradable inclinamos la cabeza.

La cabeza se balancea a ambos lados, pero en los momentos de mayor dulzura, los balanceos hacia la izquierda son más amplios.

Cuando estás hablando con alguien y ambos os sentís cómodos, entonces el que escucha es el que tiende a imitar la inclinación de la cabeza del que habla (sincronización).

4. CARA

La parte izquierda de nuestra cara es más grande, y así mostramos nuestro interés.

Cuando intentamos controlar nuestras emociones, intentando no reflejarlas, nuestra cara se vuelve asimétrica. En caso contrario, nos liberamos, nuestra cara se vuelve más simétrica y abierta.

5. MIRADA

Miramos más veces, y durante más tiempo a las personas que nos interesan.

Cuando está a gusto contigo, te mira más a la parte izquierda de la cara y a tu ojo izquierdo, que al derecho.

Esto se debe a que la parte izquierda de la cara nos dice más. Esta facilita la información sobre las emociones y, además, también es más móvil.

Si se pone en posición de control, te enseña más la parte derecha de la cara y su lado derecho en general.

Hay unos gestos denominados de "auto-contacto" que tienen la función de dirigir la atención de la otra persona a la parte del cuerpo donde hayamos puesto la mano (cabeza, cuello, cadera).

Esta la imagen atrae nuestra atención hacia su cadera. Si atrae tu atención sobre el lado izquierdo del cuerpo o de la cara es lo mismo pero con un tono más afectivo.

Este gesto suele hacerse con la mano izquierda, independientemente de ser zurdos o diestros.

Si desconecta de la conversación, sus parpadeos se hacen menos frecuentes e incluso cesan durante un tiempo. Si está sentada y se deja caer sobre el respaldo a la misma vez, entonces es una señal más clara aún de que ha desconectado de la conversación.

Esto quiere decir que si los parpadeos son muy repetidos, es que está muy atenta a la conversación.

Si desconfía de ti, te mira a los ojos pero echa la cabeza un poco hacia atrás, "la aleja".

Los ojos de una persona seducida tienden a humidificarse y así se hacen más luminosos, lo que hace a esta persona ser más deseable.

Cuando te desea, sus pupilas se dilatan. Lo curioso es que nuestras pupilas se dilatan al ver unas pupilas dilatadas. Por lo que tu deseo puede despertar el de ella (neuronas espejo).

Si no te aprecia, te muestra el blanco de la parte baja de sus ojos. En caso contrario, es decir, cuando el músculo de la parte baja de los ojos es muy vigoroso, esto refleja entusiasmo y deseo. Además suelen dirigirte la barbilla. Y si los ojos brillan quiere decir que ella está seducida.

La boca es una zona muy erógena. Cuando te mira a la boca es porque la desea. Por ejemplo: cuando estás comiendo y te apetece beber agua, lo primero que haces es mirar la botella y, después, cogerla.

6. BOCA

Cuando se acaricia el labio inferior con los incisivos superiores, expresa deseo carnal. Si en lugar del labio inferior, lo hace con el superior, entonces no es lo mismo. En este caso reflexiona.

Si con la lengua humedece con lentitud el labio inferior de izquierda a derecha, esto se traduce en deseo sexual. Cualquier gesto parecido, pero diferente al especificado, no significa lo mismo.

Cuando existe deseo sexual el arco de cupido pica (parte central del bigote).

Si le pica alguno de los laterales del bigote, entonces esa superioridad la pone nerviosa.

7. PELO

Las mujeres y los hombres se tocan el pelo las mismas veces. Cuanto más largo y accesible, más se lo tocará, tanto si es hombre como mujer.

Todos los gestos de la mano en el pelo, no quieren decir que se sienta atraída por ti.

En esta, se arregla el pelo para corregir su postura pues se ha dado cuenta de que se acaba de dejar llevar y quiere volver a "ponerse en su sitio".

Imagínate este gesto pero sin pelo en la mano. Ella quiere acercarse a ti con el gesto.

8. HOMBRO, CLAVÍCULA, AXILAS Y TRONCO

Cuando nos comunicamos en una situación de seducción hacemos pequeños movimientos con el hombro izquierdo.

Si levanta el derecho es que se siente halagada.

Si se rasca la clavícula, siente que necesitas ayuda y está preparada para que sigas contándole tus cosas.

Si se rasca la zona de la axila es porque te encuentra simpático y le gustaría poder ayudarte.

El tronco representa el ego. Cuando tienes que señalarte a ti mismo no señalas tu pierna, sino tu tronco.

Si se rasca el seno izquierdo es que le gustaría acercarse afectivamente más.

9. BRAZO, CODO, ANTEBRAZO, MUÑECA, MANO

Rascarse en la parte externa del brazo (el tríceps) refleja deseo de protegerse frente a ti.

Si está relajada, muestra dentro del campo de visión los antebrazos activos y sus manos.

Las manos dan amplitud a la comunicación.

Si los brazos están cruzados, pero las palmas abiertas, demuestra una presencia muy real.

Al esconder las manos (detrás de ella, bajo una tela o detrás de alguna cosa) intenta disimular sus emociones y esconder una parte de ella.

Los brazos, antebrazos y las manos son la prolongación de las palabras, introducen calor y humanidad en nuestra comunicación.

Las micro-caricias que se hace en los brazos reflejan lo que siente y querría hacernos sentir. Se acaricia la parte exterior del brazo (triceps, codo y exterior del antebrazo) porque le gustaría que la acariciaras.

Cuando dirige las muñecas hacia ti es cuando está realmente dirigiéndose a ti, pues cuando se abre a ti, sus codos y sus muñecas también lo hacen.

La micro-caricia del brazo refleja dulzura, pero el movimiento de la cabeza indica el grado de intensidad.

Cuando se acaricia el antebrazo y no el brazo, el gesto es más hacia ti (relacionarse o acercarse a ti, algo para contigo) que a ella misma, pues esta más lejos de la zona del ego (el tronco). En el caso del triceps es más una necesidad de afectividad.

Cuando pasa el dedo pulgar entre el corazón y el anular, moviéndolo hacia el interior de la mano, como si te condujera hacia ella, es porque quiere que te acerques.

Cuando ella está sentada, y se apoya en un codo poniendo dicha mano en su cara, es preferible que lo haga sobre el izquierdo, pues significa que la situación es más afectiva.

Cuanto más frustradas y deprimidas están las personas, más pobres son sus gestos en general.

10. PIERNA, MUSLO, TOBILLO, PIE

Los gestos en las piernas, son menos emotivos que los de la parte superior.

Ambos abiertos el uno al otro.   Ambos cerrados.

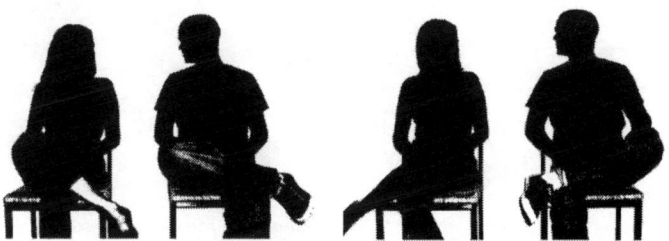

Ella abierta a él.   Él abierto a ella.

Con el cruce de tus piernas creas una burbuja de intimidad que os aísla del exterior.

Si los cruces de piernas se realizan estando de pie, tendrían el mismo significado.

Las diferencias de este tipo de movimientos entre hombres y mujeres es mayor, más visible. Ya que algunas de las zonas del cuerpo de la mujer son más flexibles que las de los hombres, como por ejemplo la zona de los tobillos.

Aquí tienes una de las diferencias entre hombres y mujeres. La mujer cuando se abre a ti, tiende a abrir el tobillo (apunta el tobillo hacia ti), ya que son más flexibles que los nuestros, por lo que son capaces de abrirlos más.

El hombre se abre a la mujer separando ligeramente las piernas.

Estos gestos son más pronunciados cuando estáis sentados o en cualquier situación donde no pueden, ni podéis ver la parte inferior de la otra persona.

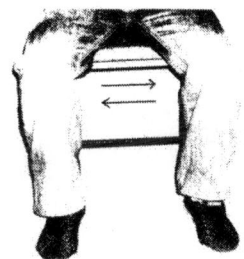

El hombre expresa deseo con pequeños temblores laterales con las piernas. Y la mujer efectúa dos gestos.

Cuando pican las zonas del muslo, interior o exterior, son reflejo de que se siente atraída o quiere atraerte. Y si el picor es del interior, la postura es más sexualizada, ella desea "avanzar".

Normalmente, si se rasca en la parte delantera de la pierna es que quiere "avanzar".

Si se rasca en el interior del tobillo, es que quiere abrirse más.

Si alguien se rasca demasiado, es que tiene barreras que no le dejan expresarse, y por eso le pica.

4ª PARTE

COSAS DE PAREJA

Este no es un libro para parejas. No obstante, como este libro te ayudará, si quieres, a conseguirla, por lo menos, unos primeros consejos para cuidar tu relación. No me parece bien ayudarte a que te subas a un coche y pretender que conduzcas sin unas nociones básicas de cómo se hace, pues te vas llevar un golpe increíble. Es más, es lo que suele pasar.

CÓMO CUIDAR UNA PAREJA

En primer lugar, cuando tienes una relación, aparece como si dijéramos una tercera persona. Pues esa tercera persona no la puedes descuidar, esta tercera persona representa vuestra relación. Una cosa es cuidar de ti, otra de tu pareja y otra de vuestra relación.

Por ejemplo: una manera de cuidar tu relación, es tener un detalle con tu novia porque sí, sin venir a cuento. Ahí estás cuidando de esa tercera persona, para que crezca sana y fuerte.

A las mujeres les encantan los detalles, no es necesario que te gastes dinero, simplemente algo que a ella le dé a entender que te acuerdas de ella, y que te gusta cuidar vuestra relación.

Un problema que tenemos la mayoría de los hombres es que, cuando estamos en una relación estable y la sentimos así, nos acomodamos y empezamos a descuidarla; a dejar de tener detalles; de hacer cosas bonitas; de hacer cosas juntos; de hablar con nuestra pareja de nuestras inquietudes, etc.

Sé consciente de una cosa: a una mujer para trasmitirle tu amor has de hacerlo mediante caricias, detalles, gestos, palabras, hechos, etc. Mientras que a nosotros nos das buen sexo, libertad para estar con los amigos y algo de cariño, y nos tienes contentos (es una exageración, pero para que veas la diferencia).

Si ella no se siente amada, no te dará el sexo que te gustaría (me refiero a cantidad y calidad), y si a ti no te da el sexo que te gustaría, pues no tienes tantas ganas de tener detalles, cuidarla, y demás.

Y por último: háblalo todo, háblale de cómo te encuentras, de qué te preocupa... No te quedes nada dentro. Y no le digas: porque tú eres...sino: porque con esto me haces sentir...

Igual que adquiriste este libro, busca de pareja, que también hay muy buenos y te van a ayudar, seguro.

¿TE SUENA LA FRASE: YA NO TIENES TANTOS DETALLES COMO ANTES?

Es cierto, y como ya te he dicho antes, lo dicen y llevan razón, pero no sólo nosotros hemos de poner de nuestra parte para cuidar la relación.

Te lo explico con un diálogo:

Ella: - Hay que ver, ya no tienes los mismos detalles que al principio.

Tú: - Es cierto cariño, pero también es cierto que ya no lo hacemos ni tantas veces como al principio, ni tan apasionadamente. Por eso creo que ambos hemos de ser comprensivos e intentar poner de nuestra parte un poquito más.

Lo que te decía antes, nosotros nos acomodamos y ellas no nos dan el sexo que querríamos, y así se forma un círculo vicioso.

Para superar ese círculo, ambos debéis poner de vuestra parte. Es irreal que sea como al principio, pero no debéis descuidar a esa "tercera persona". Saltarán esporádicamente chispas similares a las del principio, pero no viviréis inmersos entre llamas como los primeros meses.

POR QUÉ PENSAMOS MÁS EN SEXO

El hombre piensa una media de tres veces más en sexo que las mujeres, y resulta que no sé como ha pasado, pero a veces da la sensación como de que, el que pensemos en sexo está mal visto, es de "guarros".

Pero es que somos así. Nuestro cerebro es distinto; por ejemplo, segrega un 10 o 15% más de testosterona que ellas, y esta es sólo una de las diferencias. Somos diferentes, pensamos más en sexo, pero ellas a lo mejor piensan más en caricias y lo de ellas no está mal visto.

Si lo piensas, es como si nosotros les dijéramos (exagerándolo para hacer una parodia de la situación): "hay que ver cómo sois; sois unas cochinas, todo el día pensando en sobarnos (mediante caricias)".

5ª PARTE

MENTALIDAD AVEN

Ejercicios

1.Tras conocer estos conceptos entenderás la importancia de los ejercicios que te he puesto a continuación

PUEDES CAMBIAR TU MENTE

Nuestra mente subconsciente es un procesador de información muy poderoso que reproduce y almacena experiencias o "programas".

Esta almacena cantidades enormes de información procedente de las experiencias de aprendizaje, tanto directas como indirectas, a gran velocidad. Se ha estudiado que la masa del cerebro responsable de la función subconsciente interpreta y responde a más de 40 millones de impulsos nerviosos por segundo, mientras que la mente consciente solo a 40 impulsos por segundo, siendo la mente subconsciente un millón de veces más potente que esta.

La mente subconsciente se encarga de hábitos como caminar, conducir, etc.

Antes se pensaba que cosas como el latido del corazón y similares no podían ser controladas por la mente consciente, pero actualmente, gracias a ciertas culturas orientales, se ha demostrado que son cosas que podemos llegar a controlar con la mente consciente.

La mente subconsciente y consciente funcionan en conjunto, siendo el subconsciente el que controla cada comportamiento que no es atendido por la mente consciente.

Los neuro-científicos cognitivos concluyeron que la mente consciente se encarga de, aproximadamente, un 5% de la actividad cognitiva, por lo que el otro 95% de nuestras acciones, decisiones, conductas y emociones son producto de nuestro subconsciente.

Es por esto por lo que nuestras vidas no están controladas, como pensábamos, por nuestra mente consciente, sino por nuestra mente subconsciente. Ten muy en cuenta esto.

¿Ycómose ha programadomi mentesubconsciente?

Pues existen básicamente tres factores que controlan nuestra biología y comportamiento. Las percepciones más primitivas son las que adquirimos por nuestro genoma. Dentro de nuestros genes están los programas que llamamos "instinto", los cuales son heredados de las percepciones adquiridas de la naturaleza.

El segundo está representado por las memorias derivadas de las experiencias de la vida. Entre las percepciones de la vida más tempranas se nos grabarán todos aquellos que le pase a nuestra madre mientras estamos en su vientre, tanto la nutrición, emociones, hormonas, estrés, etc. En el momento en el que nace un bebé casi la mitad de su personalidad ya está formada.

Sin embargo, el tercer factor es el más influyente y ocurre desde el nacimiento hasta los seis años. Somos como un ordenador al que durante seis años se le está almacenando información. Una vez pasan esos seis años, el ordenador se enciende y empiezan a planteársele problemas, a los cuales se enfrentará en función de esa información almacenada.

Durante esta etapa almacenamos todo aquello que vemos, sentimos, etc. Y en gran parte somos animales que aprendemos por imitación, imitando a padres, profesores, amigos, etc.

Actividad Frecuencia EstadoCerebral

La naturaleza facilita el proceso de almacenamiento en la mente subconsciente para adquirir cantidades masivas de información.

Los resultados de electro-encefalogramas de cerebros de adultos revelan que la actividad eléctrica neuronal está relacionada con al menos cinco estados de consciencia diferentes, cada uno asociado con un nivel de frecuencia diferente:

delta 0.5-4 Hz sueño/inconsciente (sueño profundo pero sin soñar)

theta 4-8 Hz imaginación (momento apenas antes del sueño)

alpha 8-12 Hz consciencia calma (soñando despierto, meditativo)

beta 12-35 Hz consciencia enfocada (despiertos)

gamma> 35 Hz rendimiento pico

La actividad predominante del cerebro durante los dos primeros años de nuestra vida es delta, la cual para un adulto está asociada a dormir o al inconsciente.

Entre los dos y seis años de edad, la actividad predominante es la theta, donde mezclamos el mundo imaginario con el mundo real. Después de los seis años ya la actividad predominante es la alpha.

El hecho de que los niveles sean delta y theta quiere decir que el cerebro está operando por debajo del nivel consciente. Estas frecuencias son las que utilizan en las terapias de hipnosis para cargar nuevas conductas directamente en la mente subconsciente de sus pacientes.

Hasta los seis años todo se graba en nuestra mente subconsciente.

Esto no quiere decir que a partir de los seis años ya no aprendemos nada más, pero la intensidad con la que almacenamos en nuestro subconsciente es muchísimo menor. Ciertas experiencias muy intensas nos marcan y se nos graban en la mente subconsciente.

Las percepciones adquiridas en la mente subconsciente pueden hasta anular los instintos dotados genéticamente.

Finalmente, la tercera fuente de percepciones que da forma a nuestras vidas deriva de la mente consciente. Esta nos dota de una de las fuerzas más poderosas del universo, la oportunidad de expresar el libre albedrío.

Teniendo en cuenta que los programas subconscientes no son conductas fijas e inalterables, tenemos la habilidad de reescribir nuestras creencias limitadoras y, en el proceso, retomar el control de nuestras vidas. Sin embargo, cambiar programas subconscientes requiere activar un proceso que va más allá de un simple diálogo con la mente subconsciente. Hay una numerosos procesos efectivos para reprogramar las creencias limitadoras, como "hipnoterapia clínica", "PNL", así como modalidades nuevas y muy poderosas como "psicología energética".

Al volvernos más conscientes y depender menos de los programas automáticos subconscientes, nos transformamos en los dueños de nuestro destino en lugar de las "víctimas" de nuestros programas.

De esta forma podemos reescribir viejas percepciones limitadoras y transformar activamente el carácter de nuestras vidas para que estén llenas de amor, salud y prosperidad, los cuales son nuestro derecho de nacimiento.

Y para ello, en este libro tienes una serie de ejercicios que sirven no solo para la seducción, sino para otros ámbitos de tu vida.

Artículo escrito por Bruce H Lipton, PhD, traducido por Jorge y Silvia Patrono (Originalmente publicado en Peak Vitality: Raising the Threshold of Abundance in Our Material. Spiritual and Emotional Lives 2008)

Editor: J. M. House, Elite Books, Santa Rosa, CA

INSTALA EN TU CEREBRO LOS PROGRAMAS QUE QUIERAS

Esto se hace mediante la programación neurolingüística (PNL).

¿Y qué es la programación neurolingüística?

La PNL es el estudio de la experiencia humana subjetiva, que se encarga de analizar cómo organizamos lo que percibimos, así como la manera en que revisamos y filtramos el mundo exterior mediante nuestros sentidos.

La Programación neurolingüística diferencia tres tipos de personas: visual, acústica o kinestésica.

- Visual: se considera visual a las personas que asimilan mejor las cosas que reciben por la vista. Además se les diferencia porque suelen decir cosas como: "mira"... y si hablas con ellos asienten con la cabeza pero no dicen nada. Hablan más rápido y más alto; piensan en imágenes y muchas cosas al mismo tiempo.

- Acústica: esas personas son las que asimilan las cosas que escuchan. Y dicen cosas como: "oye", "escucha"...y si hablas con ellos dicen: "sí", "ajá", "mmm", etc. Utilizan palabras como: "escúchame, "me suena", entre otras. Hablan a una velocidad intermedia, ni tan rápidos como los visuales, ni tan lentos como los kinestésicos.

- Kinestésica: Tienen una capacidad de concentración muy grande, y son los que más necesitan el contacto físico. Se sienten atendidos cuando te interesas por una de sus emociones. Usan palabras como "me siento", "me puso la piel de gallina" o "me huele mal esto." Todo lo que perciben y reflejan es a través de sensaciones.

En realidad, todos tenemos estos tres sistemas y, a lo largo de la vida vamos desarrollando más unos que otros. Esto depende de diferentes factores: las personas que tenemos a nuestro alrededor, las experiencias, etc.

¿Qué es un "anclaje" en PNL?

Un ancla o anclaje en PNL es una sensación, algo que ves, escuchas o sientes, que tienes asociado a una emoción.

Por ejemplo:

Cuando escuchas una canción que escuchabas en cierta época de tu vida, esa canción te hace sentir ahora como te sentías en aquella época.

Bien, pues ahí tienes un anclaje. Así que tenemos muchísimos anclajes como imaginarás.

¿Y para qué me sirve esto a mí?

Muchos de los ejercicios que tienes en esta parte del libro están basados en anclajes. Lo que haces es anclar una sensación de tranquilidad, relajación, ganas de divertirte... (buenas sensaciones), con, por ejemplo, la situación de estar hablando con una o varias mujeres (situaciones que te pone nervioso, incómodo...).

Además, con estos ejercicios, realizas entrenamiento doble, pues el cerebro no diferencia entre imaginación y realidad. Esto se conoce como "ensayo invisible", y lo realizan deportistas profesionales.

Cuando un deportista recorre cien metros y luego se los imagina, para su cuerpo es distinto, pero para su cerebro ha sido lo mismo.

Por eso, cuando en casa tranquilamente visualizas situaciones pasadas o futuras, estás entrenando también.

De hecho, en una escuela hicieron un estudio con jóvenes que consistía en lo siguiente:

Cogieron a tres clases de la misma edad de un colegio. Se los llevaron a encestar media hora desde la línea de tiros libres.

Aproximadamente todas las clases encestaron lo mismo, un 12%.

Desde aquel día cogieron y separaron las tres clases mandándoles una tarea distinta a cada una.

1ª clase: encestar todos los días treinta minutos en la pista.

2ª clase: imaginar que encestan todos los lanzamientos, todos los días treinta minutos.

3ª clase: encestar e imaginar que encestan todos los días durante treinta minutos cada tarea: treinta minutos de visualización y treinta minutos de práctica en la pista.

Al cabo de un mes así, los llevaron de nuevo a encestar.

Resultados:

1ª clase: canastas aproximadas 22%

2ª clase: canastas aproximadas 41%

3ª clase: canastas aproximadas 84%

Aquí quiero que veas que tienes la posibilidad de hacer un entrenamiento doble, así como el poder que tiene la mente, si aún no te ha quedado claro.

LOS TRES ESTADOS DE LA HIPNOSIS

Te comento un poco sobre la hipnosis, pues es un tema muy interesante sobre el que quizás te guste indagar, y para que veas que los ejercicios que te mando tienen relación con la hipnosis también.

Esta es la clasificación de Eric Barone. Clasifica los estados de la hipnosis según los "tipos" de sugestiones aceptadas por el sujeto en dicho estado. En orden de profundidad son Z1, Z2 y Z3. (El Z0 es el estado normal).

ElestadoZ1   (leve)

En este estado, el hipnotizado es consciente de todo lo que ocurre y duda de si está hipnotizado o no, pero cuando despierte, tendrá una noción incorrecta del tiempo que ha pasado. A lo mejor cree que han pasado quince minutos cuando en realidad han pasado casi cuarenta. Las sugestiones que acepta en este estado deben ser positivas, afirmativas o progresivas.

Este estado está muy cercano al estado de vigilia, en el que las sugestiones positivas, afirmativas o progresivas se dan sin problemas.

ElestadoZ2   (profundo)

En este estado, el hipnotizado está adormecido, continúa comunicándose y sigue recibiendo mensajes del mundo exterior, pero al despertar no recordará nada de lo que ha pasado.

Comparándolo con el estado Z1, este si permite al sujeto aceptar una inhibición. Por lo general, en este estado, el sujeto acepta órdenes del hipnotizador. Esta puede incidir en su mente subconsciente.

ElestadoZ3   (Muyprofundo.Nosirveparanada)

Este estado se conoce como estado de fuga, pues pierde la consciencia, no escucha nada y se comporta como si estuviera anestesiado.   Para despertarlo, es como despertar a una persona que está dormida.

2.Ejercicios: aquí tienes todos los ejercicios, disfrútalos y sácales el máximo provecho.

SÉ CONSCIENTE DE LAS CARTAS CON LAS QUE JUEGAS

Describe a tu mujer ideal en todos los ámbitos: estilo de vestir, rasgos de personalidad, etc.

-
-
-
-
-
-
-
-
-
-
-
-

Una vez descrita esta, busca a alguna amiga o conocida que pertenezca a él, y pregúntale abiertamente cómo le gustan los hombres, tanto físicamente como de personalidad (de personalidad ya sabes lo que quiere en general, pero bueno, pregúntale de todos modos y así te reafirmas en lo que ya sabías). Y pregúntale también qué trasmite tu apariencia a una mujer que no te conoce.

Tenlo en cuenta y haz lo que creas conveniente con ello. Mira a ver que sea lo más objetiva y sincera posible, pregúntale a varias mejor, aunque con una es suficiente.

Es importante que tomes consciencia de lo que trasmites, para saber con qué cartas juegas. Aunque cada vez tendrás más y mejores.

Así que ahora que has comenzado a aprender a ser un "aven", esto irá cambiando. Por esto, cada cierto tiempo, haz estas mismas preguntas a diferentes mujeres que las anteriores, pues lo que proyectas irá cambiando.

CAMINA COMO POR TU CASA

Es importante que andes derecho y seguro de ti mismo, pues tu lenguaje corporal refleja parte de tu personalidad. Y como ya sabes, un hombre que no es seguro de sí mismo, es un hombre que no resulta atractivo.

Te escribo tres ejercicios para que elijas el o los que más te gusten:

Ejercicio 1:

- Pégate de espaldas a la pared; y, tanto tus talones como tu espalda, han de estar en contacto con ella. Tu cabeza ha de estar ligeramente separada de la pared, pero no dejes de tener la espalda recta.
- Retén en tu memoria esa posición.
- Después camina un poco en esta postura y memorízala.
- Camina tranquilo, no tienes prisa, pero tampoco te pases de lento, algo intermedio.
- Camina con la cabeza mirando al frente, nada de mirar al suelo.
- Ahora has de caminar así siempre. (Cuando camines hacia una mujer camina así y piensa que es como si caminaras relajado por casa).

Ejercicio 2:

Pon la espalda recta y dile a alguien, que te pegue un esparadrapo en la espalda. Un trozo de esparadrapo en la parte alta, entre los omoplatos, para que cuando te vayas a encorvar te tire. Lleva el esparadrapo el tiempo que quieras, por donde quieras, pues nadie lo verá.

Ejercicio 3:

Fíjate en alguien, famoso o conocido, que veas que camina seguro de sí mismo, con la cabeza al frente, nada de mirar al suelo, e imítalo. Recuerda que somos animales que aprendemos por imitación. Imita cómo camina, sus movimientos lentos y seguros, su expresividad corporal...

CONSIGUE UN BUEN TONO DE VOZ

Una voz suave, dulce o grave puede pasar de ser un sueño a una realidad; esto gracias a la creación de diversos ejercicios vocales que, aunque parezca difícil, logran proporcionarte ciertas capacidades vocales con gran facilidad.

La boca, al igual que el resto del cuerpo, posee una gran cantidad de músculos que, como cualquiera del cuerpo, pueden ser moldeados y entrenados.

Para comenzar a obtener un buen tono de voz es básico entrenar la respiración, ya que es parte fundamental para otros tipos de ejercicios. Lo único que debes hacer es tomar todo el aire que puedas, y después dejarlo salir lentamente mientras pronuncias las vocales (una vocal por cada bocanada de aire).

Después de haber realizado lo anterior varias veces durante un tiempo, lo mejor es añadir estos ejercicios:

- Al levantarte y antes de acostarte abre la boca lo más que puedas y mantenla así durante unos quince segundos, pues esto permitirá obtener una mayor vocalización y alargamiento de los músculos bucales.

- Es muy recomendable que hagas lo que se conoce como lectura silábica, que consiste en leer separando las sílabas y abriendo la boca exageradamente, para controlar la respiración durante la pronunciación de cualquier frase y/o palabra.

- Es bueno también hacer ejercicios de exigencia bucal, como por ejemplo, comenzar a pronunciar una vocal suavemente, llegando al límite, aumentando el tono de la voz progresivamente.

Aunque existen muchos más ejercicios para mejorar y obtener un buen tono de voz, los que te he puesto son muy buenos para empezar.

EJERCICIO PARA LA RELAJACIÓN

Apréndete este bien, porque lo usarás como primera parte de otros ejercicios que tienes más adelante, además de los beneficios físicos y mentales que tiene simplemente hacer este ejercicio.

Busca un ambiente y lugar íntimo donde puedas relajarte. Ponte música relajante si quieres.

Practica el ejercicio de la relajación hasta convertirte en maestro, para que todo lo demás sea más sencillo y trabaje en tu cerebro. Esto significa que todos los días, debes practicar este ejercicio.

Aquí tienes dos opciones:

a) Recuerda o imagínate, al máximo detalle, una situación en la que estés totalmente relajado. Una vez la tengas, retén esa sensación.

b) (la más eficaz) Realizar el siguiente ejercicio de relajación:

1. Acuéstate o siéntate en un lugar cómodo.

2. Respira profundo y cierra tus ojos.

3. Pon atención a tu pie izquierdo.

4. Respira hacia adentro y, después, hacia fuera, al mismo tiempo, deja que toda la tensión salga por tu pie izquierdo.

5. Pon atención a tu pie derecho.

6. Respira hacia adentro y, después, hacia fuera, al mismo tiempo, deja que toda la tensión salga por tu pie derecho.

Y así sucesivamente, desde la parte baja de tu cuerpo hasta tu cara y cabeza en general. Y por último, tu cuerpo entero.

7. Lentamente respira hacia adentro y, después, lentamente, respira hacia afuera, al mismo tiempo, deja salir la tensión por tu cuerpo entero; encontrarás que ahora estarás en el estado apropiado en cuerpo y mente para trabajar con el resto de los ejercicios que están en este libro.

8. Ahora repite mentalmente "ahora contaré del uno al cinco... y así como vaya contando del uno al cinco, despertaré vivo, estimulado, refrescante, y sintiéndome mucho mejor que antes. 1...2...3...4...5".

9. Si estás haciendo este ejercicio en preparación por algún otro ejercicio incluido en este libro, solo continúa con el próximo paso en la secuencia que estás siguiendo, antes de realizar el punto 8 que te acabo de escribir.

AUMENTA DE UNA VEZ TU AUTOESTIMA

En todo el mundo hay muchísimos tipos de seductores, con sus distintos estilos, caras, idiomas... pero, ¿qué es lo que todos tienen en común? Un alto autoestima.

Interioriza estas afirmaciones tanto como puedas (grábalas en tu subconsciente), hasta el punto en el que cuando se te pase por la cabeza algún pensamiento que afecte a tu autoestima, se vea sistemáticamente sustituido por uno de estos que, como verás, son ideas racionales que ponen tu autoestima como debe estar.

- Ten claro que **quien define tu autoestima debes ser tú**. Debes trazar tus propias metas, proyectos e ideales, y no debes delimitarlos en base a lo que los demás crean, piensen o esperen de ti.

- Ten una **actitud positiva**. Pensar en negativo solo llevará a que veas todo peor de lo que realmente es. En las malas situaciones, es preferible tomarse unos minutos y buscarle el lado positivo a lo que ocurre, antes que caer en la desesperación y verlo todo negro.

- **Evita compararte obsesivamente con los demás**. Cada persona es única y, por lo tanto, debes evitar las comparaciones constantes. Quizás otras personas hacen algunas cosas mejor que tú; sin embargo, tú también tienes tus virtudes y realizas algunas actividades mejor que los demás.

- **Evita el perfeccionismo**. Nadie es perfecto. Es muy común pensar que un autoestima elevada está relacionada con la perfección, con ser bueno en todos los aspectos de la vida, tener éxito y conseguir muchos logros. Sin embargo, el perfeccionismo suele esconder personas con baja autoestima. Ponte metas reales y alcanzables, solo de esa manera se logrará mejorar el autoestima.

- **Acéptate tal y como eres incluidos tus defectos.** Eso no significa que debas conformarte y no hacer nada si está a tu alcance mejorar tus defectos y mejorar como persona.

- **Evita las generalizaciones.** No por el hecho de que te haya salido mal un examen debes pensar que no sirves para estudiar. Si alguien no te quiere como te gustaría, no debes pensar que nunca nadie te querrá. Es importante que evites estas generalizaciones porque muchas veces lo único que hacen es predisponerte negativamente. Aprende a ver cada situación como un hecho aislado y no pensar que porque algo ha salido mal, todo debe salir mal.

- **Evita mandarte** permanentemente **mensajes negativos,** al interiorizarlos y creértelos, acabas actuando de tal forma que propicias su cumplimiento.

Cosasquepuedeshacerque te ayudarán:

- **Repite estas afirmaciones** cada mañana al levantarte en frente del espejo, literalmente como te las he escrito, y en cualquier momento que pueda verse tu autoestima afectada, o después del ejercicio de relajación.

- **Ponte delante del espejo dos veces al día,** mírate a los ojos y dite algo bonito o reconfortante sobre tu físico, personalidad…

- **Busca la autorrealización** y sentirte lo mejor posible en todo lo que hagas, elije bien tus opciones, no te precipites.

- **Date algún capricho** de vez en cuando.

- **Haz algo que te guste de verdad y te haga sentir bien.**

- **Este ejercicio para el autoestima:**

Este ejercicio es sencillo, muy útil, y te hará sentir bien, así que disfrútalo y practícalo cada vez que quieras.

1. Cierra los ojos. Relájate y haz una imagen mental de ti mismo. ¿Cómo te ves? ¿Cómo es la imagen? ¿Fuerte o débil? ¿Grande o pequeña? ¿Brilla o está oscura? En resumen: ¿Es positiva o negativa?

2. Elimina lo negativo, que la imagen represente tus puntos fuertes, tus habilidades, que te veas como cuando has logrado algo que habías deseado con muchas fuerzas.

3. Hazle cambios muy atractivos y motivadores para ti, por ejemplo: Hazla grande, sonriente, brillante, en colores, en tres dimensiones, con movimiento, buena energía. Agrega todo lo que la haga más atractiva y que te anime a actuar. Ve haciendo pruebas y ajustes, hasta que te sientas bien a gusto y satisfecho.

4 .¿Qué tal te sientes con la nueva imagen? Congela esa sensación.

5. Cuenta del 1 al 5, diciendo, "Voy a contar del 1 al 5 y cuando lo haga despertaré sintiéndome mucho mejor...1... 2... 3... 4..."

6. Abre los ojos despacio.

¿ TE CUESTA DEMASIADO DAR EL PRIMER PASO?

Lo más importante cuando se tiene este problema es hacer algo para remediarlo y no dejarse estar, ya que lo malo es no hacer nada.

"¿Definición de locura?...Seguir haciendo siempre lo mismo y esperar resultados diferentes" (Einstein).

Este listado de consejos está realizado por especialistas y por personas que han tenido este problema. Como aclaración, decirte que no es suficiente con solo la práctica de uno de ellos.

- **Práctica de ejercicios de relajación**. Estos bajan el nivel de estrés general.

- **Realiza ejercicios de expresión**, el tono de voz y el uso de las pausas. Grábate leyendo o contando algo que hayas visto en televisión, en la radio, en el periódico... expresando emociones, siendo subjetivo y cambiando el tono de voz. Esto, diez minutos al día unas cinco veces por semana.

- **Practica primero, con la familia y los amigos**, tus intervenciones en conversaciones, introduciendo elementos que impliquen comentarios personales, humor y opiniones atrevidas que luego puedas poner en práctica.

- **Haz ejercicios para mejorar tu autoestima.**

- **Familiarízate con la situación grupal** inscribiéndote en cursos, talleres, centros deportivos, centros de baile... y procura adquirir compromisos como reuniones de trabajo o eventos sociales.

- **Prémiate sistemáticamente** cada vez que hayas realizado un enfrentamiento a esas situaciones que tanto miedo o vergüenza te dan. El premio puede ser cualquier cosa, desde tu postre favorito para cenar a comprarte un barco.

- **Cógete un cuaderno** y ve apuntando cada día las cosas positivas que has logrado, por pequeñas que sean.

- **No hurgues en la herida**: es mejor concentrarse más en progresar que en criticarse a uno mismo.

- Cuando hables en situaciones, para ti, difíciles, **no te concentres en ti**, concéntrate en quien te escucha y habla lento y detallado en lugar de rápido, tal y como tu cuerpo te pediría.

- **No te exijas contraproducentemente** a ti mismo ser inteligente para los demás, sino que en vez de "rendir", debes cambiar la misión por "participar".

SER ASERTIVO ES UN DERECHO Y UN DEBER

Aquí te dejo una lista con los derechos básicos de la persona asertiva.

- El derecho a ser tratado con respeto y dignidad.
- El derecho a tener y expresar los propios sentimientos y opiniones.
- El derecho a reconocer mis propias necesidades, establecer mis objetivos personales y tomar mis propias decisiones.
- El derecho a cambiar.
- El derecho a decir "no" sin sentirme culpable.
- El derecho a pedir lo que quiero, aceptando a la vez que me lo nieguen.
- El derecho a pedir información y ser informado.
- El derecho a cometer errores.
- El derecho a obtener aquello por lo que pagué.
- El derecho a ser independiente.
- El derecho de gozar y disfrutar.
- El derecho a triunfar.
- El derecho a ser mi propio juez.
- El derecho a decidir el hacerme cargo o no de los problemas de los demás.
- El derecho de dar o no explicaciones sobre mi comportamiento.
- El derecho de no necesitar la aprobación de los demás.
- El derecho de no ser perfecto.
- El derecho a decidir no ser asertivo.

APRENDE A TENER UNA ACTITUD POSITIVA

Investigaciones realizadas por instituciones como la Universidad de Harvard y la Fundación Congnitive demostraron que, solo un 15% de las razones por las que la persona triunfa profesional y personalmente, tiene que ver con sus conocimientos profesionales y habilidades técnicas. Mientras que el otro 85% tiene que ver con su actitud, su nivel de motivación y capacidad para desarrollar relaciones positivas con las demás personas (cosa que no nos enseñan en el colegio, instituto, universidad...).

El hecho de ser una persona positiva y con buena autoestima es bueno para todos los ámbitos de nuestra vida y, como no, para la seducción. No puedes acercarte a una mujer que te gusta pensando en que va a salir mal y que te va a rechazar.

Este ejercicio se divide en tres partes:

1º Redacta una lista de cualidades buenas de ti, ya sean físicas, algún don, tu personalidad, tanto como amigo, como pareja, hijo,....Digamos que una lista de tus RIAs. Ejemplo: "Eres muy simpático".

2º Redacta en "afirmación" lo que quieres conseguir, da igual que sea de seducción o en tu vida en general. Por ejemplo, "Dominas el arte de la seducción", "disfrutas hablando con cualquier desconocida"...
Si quieres poner fotos tuyas (montajes o no) divirtiéndote con mujeres, también vale.

Cuando hagas todas tus afirmaciones de estos dos puntos, hazlo diciendo ""tú", en vez de "yo". Por ejemplo: "se te ve a gusto hablando con mujeres que te atraen", "las mujeres te desean", "atraes a las mujeres". Si en lugar de decir "tu" dices "yo", entonces tu mente consciente dice "no me lo creo del todo que yo sea así". Pero si dices "tú", entonces al venir de una fuente, supuestamente externa, tu mente consciente no rechazará la información.

3º Busca algo que te alegre, que te divierta o te motive, o todo a la vez. Ya sea una canción, un vídeo, o lo que quieras.

Ahora, imprime los dos primeros (si lo hiciste en el ordenador) y ponlos donde puedas verlo nada más levantarte y antes de dormir. Si es cerca del espejo, mejor.

¿Ya estás listo?

Imagina que acaba de sonar, no tu "alarma" (palabra asociada al peligro), sino tu "aviso de que comienza un nuevo día" (recuerda la importancia del diálogo interior); bien, abres los ojos y...

1º Enciende el ordenador/mini-cadena y pon la canción, el vídeo, o lo que sea que eligieras antes.

2º Mientras, prepárate el desayuno, dúchate, lávate la cara o lo que sea que hagas normalmente.

3º Lee lo que has escrito y dítelo mirándote a los ojos frente al espejo.

4º Vístete, ya estás preparado para comenzar el día.

5º Siéntate en el sofá y haz cualquiera de los ejercicios que te apetezca.

6º Llegó la noche, es el momento de otro ejercicio, y de leer de nuevo los folios que imprimiste.

7º En lo que te duermes vuelve a realizar otro ejercicio, o piensa en diez cosas buenas que te hayan pasado durante el día. Al principio encontrar diez te costará, y más adelante te quedarás dormido por la número dieciséis. Esto es una manera de entrenar a nuestro cerebro para que este aprenda a ver más cosas positivas.

AUTOMOTÍVATE A HACER LO QUE REALMENTE QUIERES

Ejercicio 1:

1. Haz el ejercicio de relajación.

2. Piensa en algo que tú sabes que para ti es valioso hacer, pero te resulta difícil hacerlo. (Hablar con desconocidas, por ejemplo).

3. Concéntrate y mira a ver si hay algo que te impida realizar esto. Si tienes alguna objeción, entonces ajusta (o cambia) la tarea para que no existan objeciones.

4. Piensa en las consecuencias de realizarlo, no en el trabajo de hacerla. Piensa en los beneficios una vez que la hayas hecho. Piensa en lo que ganarás.

5. Ahora, recuerda los elementos más atractivos y motivantes de hacer la tarea. Úsalos para ponérselos a la tarea completada los elementos visuales, auditivos y kinestésicos.

6. Cuenta del 1 al 5, diciendo, "Voy a contar del 1 al 5 y cuando lo haga despertaré sintiéndome mucho mejor...1... 2... 3... 4..."

7. Abre los ojos despacio.

Haz esto hasta que te sientas fuertemente atraído y motivado a realizar la tarea.

Ejercicio 2:

1. Haz el ejercicio de relajación.

2. Ponte cómodo. Mira a la derecha y un poco hacia arriba. Imagina que ves a una persona idéntica a ti, a corta distancia. Esta otra persona, va a hacer el ejercicio y, mientras, tú lo observarás. Solo cuando esté completamente satisfecho con lo realizado, será cuando las habilidades formarán parte de ti.

3. Escoge algo en lo que quieras motivarte a hacer (dar el siguiente paso que te cueste para seguir poniendo en práctica lo que estás aprendiendo este libro, como por ejemplo: besar mujeres). Escoge algo muy simple. Algo que te costará hacer, pero que tienes muchas ganas de hacer, por las cosas buenas que eso te traerá.

4. Mira a tu otro yo y observa lo que se va a ver cuando la tarea haya sido hecha, incluyendo las cosas positivas, lo beneficios próximos y los futuros.

5. Ahora, observa a ese "otro tú" realizando con facilidad la actividad. Mientras el "otro tú" la hace, se queda mirando la imagen de la actividad hecha y se siente bien porque la ha completado.

Por último, mira a tu "otro tú" contento por haber terminado y disfrutando de las consecuencias por una tarea que ya se completó.

6. Si lo que estás viendo no te llena, deja que una leve neblina tape por unos segundos la imagen, mientras tu subconsciente ajusta lo que sea necesario. En unos segundos, cuando desaparezca esa neblina, verás que los ajustes, serán satisfactorios.

7. Ahora coge la imagen de tu "otro tú" que posee todos esos aprendizajes y deslízala hacia ti. Puedes, si lo prefieres, extender los brazos, tomar la imagen, traerla a ti e integrarla contigo. Hay personas que se "erizan" o liberan energía, al hacer esto último.

8. Por último, tomate unos segundos y piensa cuando te conviene volver a realizar este ejercicio para motivarte a realizar dicha tarea.

9. Cuenta del 1 al 5, diciendo, "Voy a contar del 1 al 5 y cuando lo haga despertaré sintiéndome mucho mejor...1... 2... 3... 4..."

10. Abre los ojos despacio.

ANÍMATE A TI MISMO

Primera secuencia:

1. Haz el ejercicio de relajación.

2. Recuerda una experiencia en la que algo te salió muy bien, y saliste muy contento, lleno y orgulloso de ti mismo.

3. ¿Qué ves?¿Qué oyes?¿Qué sientes?.

4. Ahora imagina un círculo en el suelo. Ponle un color.

5. Respira hondo una vez. Da un paso hacia delante y entra en el círculo.

6. Una vez dentro del círculo, intensifica el recuerdo de esa sensación.

7. Disfruta de la buena sensación de estar haciendo algo muy bien.

8. Cuenta del 1 al 5, diciendo, "Voy a contar del 1 al 5 y cuando lo haga despertaré sintiéndome mucho mejor...1... 2... 3... 4..."

9. Abre los ojos despacio.

Segundasecuencia: repite la secuencia anterior, pero agrégale una palabra código:

1. Relájate.

2. Recuerda la experiencia.

3. Imagina el círculo y ponle el mismo color.

4. Di a ti mismo (mentalmente) una palabra código (ejemplo: ¡venga!, ¡ole!), que en el futuro hará brotar esa sensación.

5. Mientras te dices la palabra código, das un paso hacia delante y entras en el círculo e intensificas la sensación.

6. Quédate en el círculo el tiempo que necesites hasta experimentar la sensación de tener esos recursos.

7. Cuenta del 1 al 5, diciendo, "Voy a contar del 1 al 5 y cuando lo haga despertaré sintiéndome mucho mejor...1... 2... 3... 4..."

8. Abre los ojos despacio.

En el futuro, cuando quieras volver a tener esos recursos activos, y sentir esa sensación, imagínate que entras en el círculo o que ya estás dentro (no importa que sea sentado, parado o acostado) y dite a ti mismo la palabra código.

MOTIVATE A PASARLO BIEN CON ELLAS

1. Haz el ejercicio de relajación.

2. Recuerda cuando eras niño, cuando todo era nuevo y tenías ganas de saberlo todo, de divertirte, de jugar.

3. Fíjate en cada cosa que ves, que escuchas, y cómo te sientes. Fíjate en los máximos detalles que puedas.

4. Cuando estés en ese instante de tu pasado, siéntete travieso, ahora di una palabra o frase fuertemente a ti mismo, como la palabra código anterior (Que tu escuches).

5. Abre los ojos

6. Cierra los ojos

7. Ahora recuerda alguna situación en la que hayas estado con una mujer y sintieras que te faltaba esa chispa, esas ganas de divertirte y ser juguetón, como siempre, con el máximo detalle posible.

8. Ahora di a ti mismo la palabra o frase de antes, y date cuenta de lo diferente que te sientes.

9. Abre tus ojos

10. Cierra tus ojos

11. Ahora imagina una posible situación en el futuro donde puedas necesitar sentirte más divertido, juguetón y travieso con alguna mujer que te guste.

12. Entonces di tu palabra de antes y fíjate en la diferencia de cómo te sientes.

13. Cuenta del 1 al 5, diciendo, "Voy a contar del 1 al 5 y cuando lo haga despertaré sintiéndome mucho mejor...1... 2... 3... 4..."

14. Abre los ojos despacio

DOBLE ENTRENAMIENTO SIN SALIR DE CASA

1. Haz el ejercicio de relajación de antes.

2. Piensa en alguna situación del pasado donde cometiste un error y que quisieras evitar que volviera a pasar.

3. Recuerda el momento exacto donde cometiste el hecho aislado del que aprender (fíjate que he sustituido "error" por "hecho aislado del que aprender" y mira cómo cambia el mensaje que te das a ti mismo).

4. Ahora retrocede en el tiempo unos segundos antes. ¡Congela la imagen!

5. Ahora, como si se tratara de una película que estás viendo, dite a ti mismo que hagas lo que realmente hubieses querido hacer para que pasara lo que quieres y mira como sucede.

6. Imagina todo lo que está sucediendo con el máximo detalle posible.

7. Ahora imagina la sensación que tendrás en el futuro después de haber tenido éxito, es decir, después de haber hecho esto lo que te imaginaste con éxito.

8. Cuenta del 1 al 5, diciendo, "Voy a contar del 1 al 5 y cuando lo haga despertaré sintiéndome mucho mejor...1... 2... 3... 4..."

9. Abre los ojos despacio.

NO TE QUEDES EN BLANCO. MANEJA TÚ LA CONVERSACIÓN

Este ejercicio es para que no te quedes nunca en blanco e, incluso, para que seas tú quien maneja la conversación dándole a esta el rumbo que más te apetezca.

A continuación, te pongo una serie de palabras. Con estas inventa una historia con el máximo sentido posible (puntúate y la nota que te pongas debe ir en función del sentido y la fluidez de tu historia). Las palabras han de entrar en el orden que están escritas.

Cuando narres tus historias no narres la lista de la compra, métele emociones, sensaciones. Narra como un cuenta cuentos. Fíjate cómo su manera de narrar mantiene en vilo a todo el que lo escucha.

Piensa en la diferencia entre que te cuenten: "Caperucita se levantó, fue por el bosque, se encontró un lobo, y el lobo le dijo que…"

Y ahora: "Una mañana cualquiera caperucita roja, cogió su bonita cesta para llevarle a su abuelita unas manzanas. En un instante, mientras caminaba por un bosque frondoso, y en algunas zonas poco iluminado, caperucita bajó la cabeza para atarse los zapatos, y cuando alzó la mirada, ahí, a treinta centímetros de ella, justo ahí, había un imponente lobo de ojos grandes, babeando y con la boca abierta que le dijo…"

¿Ves la diferencia verdad? Pues si no quieres aburrirlas practica esto mientras narres estas historias.

A ver, para seducir no tienes que ser un narrador profesional, pero tu narrativa es algo que cuanto más buena sea, mejor. Para ello, también, usa las pausas. No hables de corrido, haz una breve pausa antes de algo que quieras enfatizar; esta pausa le dará emoción.

Ejemplo de en qué consiste este ejercicio:

- Casa, perro, unicornio, bastón, vaso, estuche.

¿Ves estas palabras?, pues tápalas con un papel y ve, poco a poco, descubriendo una a una conforme esta entre en tu historia.
(No es necesario que lo escribas, simplemente hazlo en tu cabeza y ponte una nota. La idea es cada día hacer 1 o 2 y que te puntúes).

Ayer me levanté en mi casa (ahora muevo el papel y veo que la siguiente palabra es "perro"), cansado de la noche anterior y no me puse despertador ni nada, pero un tengo un perro (ahora muevo el papel y veo que la siguiente palabra es "unicornio"), muy simpático que parece que le gusta despertarme cuando más cansado estoy y de las maneras más absurdas. Ayer coge y me despierta a cabezazos. Lo primero que pensé fue: "menos mal que tengo un perro y no un unicornio (igual que antes), porque sino me hubiera dejado echo un colador". Así que, me levanto, veo un bastón de goma espuma (igual que antes) y recordé que la semana pasada había sido la fiesta de disfraces de un amigo, donde por cierto, nos hizo beber los cubatas en vasos (igual que antes) de cumpleaños, porque era su cumpleaños y se empeñó en que le hacía ilusión. Mi amigo Adrián es un poco especial, pues de todos los regalos el que más le gustó fue el de un estuche de éstos de colores que te regalaban en la comunión, que se lo regalamos de broma, y luego decía que era el que más le había gustado, pero bueno, eso es otra historia.

Ahora continúa tú con el ejercicio:

- Pierna, vomitar, escarabajo, colegio, cielo, surf.
- Ordenador, tenis, uña, camiseta, melón.
- Lápiz, comprimir, fiesta, palmas, ancla
- Estornudar, estar de pié, dedo meñique, chocolate, idea.
- Chupar, torre de pisa, suave, comida, correr.
- Grito, iglesia, caballo, nata, entrar, cristal.
- Cerradura, nube, camión, mono, estornudar, joya.
- Santo, consolador, guitarra, hada, duro.
- Canal, enano, cuerda, puta, victoria.
- Carretera, follar, caerse, Julián, masaje.
- Instrumento, ropa, fiesta, hermana, comunión.
- Moto, zanahoria, codo, pantalón, sujetador.
- Tanga, superman, Paulina Rubio, mechón, frotar.
- Sola, caracol, pene, alcohol, ajedrez.
- Cuadrado, paisaje, cono, pata, diez.
- Comenzar, correr, punto, camino, cerrar.
- Saltar, puerta, pirámide, perejil, hostia, salvar
- Amor, negocio, puenting, canarias, salsa.
- Yo, gente, diversión, mujeres, sexo.
- Contar, mujer, exótico, noche, experiencia, oportunidad.
- Único, piso, mermelada, sobar, sacarse un moco.
- Plaza, lluvia, nata, saltamontes, hueco.
- Hueso, sucia, perra, camisón, misión.
- Arrastrar, camión, sofá, lengua, añadir, jugoso.
- Entretener, misa, correr, bonito, andaluz.
- Solicitó, paracaídas, lavadora, conejo, arena, sol.
- Luna, latir, cerveza, rascacielos, zanahoria.
- Salida, perro, industria, teléfono, oso de peluche.
- Camiseta, amigas, cerveza, idea, risa, interesante,
- Casa, nube, pirámide, estuche, idiota.
- Enano, verde, zumo, salir, nadar, silla.
- Ordenador, polla, Mafalda, estornudar, televisión
- Lápiz, ojo, cajón, camello, cuadro, flor.
- Encima, culo, juego, figura, yeso, sexo.
- Chupar, lamer, salir, cagar, nudo, clavo.
- Nata, alcohol, iglesia, pony, crucigrama.
- Joya, sol, puerta, vaca, gato, Marlon Brando.
- Blando, pata, cera, piedra, comida.
- Sexo, volar, cerrajero, toser, cantar.

A partir de aquí haz tantas como quieras, o añadirle palabras a estas. Prepáralo un día antes para que no te acuerdes de lo que pusiste, y así ejercitar mejor la improvisación.

Ejemplo de respuestas y posibles hilos

Antes de acercarte a una mujer o a un grupo de gente hay cosas que puedes saber de ellos, lo que son hilos de los que tirar (hilos deducidos*).

Por ejemplo: (van dos(hilo1) amigas(hilo2) por la noche(hilo3) juntas en la zona(hilo4) de fiesta(hilo5), sonrientes(hilo6) y caminando sin prisa).
Estos úsalos en la "apertura", o para tirar del hilo. O hazlo espontáneamente.

Por ejemplo:

Aven: -Chicas, una cosa, ¿sabéis si hay por aquí cerca alguna chupitería? (tiramos del hilo 4 en la entrada).

(Habláis durante unos minutos).

Aven: -Por cierto, ¿de qué os conocéis? (tiras hilo 2 espontáneamente)

Otro ejemplo:

- Aven: Una pregunta, a ver si me puedes ayudar, ¿sabes donde hay cerca un sitio para comer?

- Ella: -Nosé(hilo1), creo que por ahí hay uno(hilo2)

Posible pregunta 1: (tirar del hilo 1)

-Aven: -¿Cómo que no sabes? ¿No eres de aquí?

Posible pregunta 2: (tirar del hilo 2)

-Aven: -¿Por ahí por dónde? ¿Y más cerca?

Posible pregunta 3:
-Aven: -¿Y ese está bien? ¿De qué es?

Estas preguntas que hacemos son preguntas más abiertas donde podemos sacar mucho más hilos de donde tirar.

Sigamos por ejemplo con la *"posible pregunta 3"*

- Ella: -Bueno, es comida normal (hilo 3), creo que tienen lo típico, menú del día(hilo4) y cosas de esas.

Posible pregunta/contestación 1: (tirar hilo 3)

- Aven: ¿Comida normal? ¿A qué consideras tú comidan normal?

Posible pregunta/contestación 2: (tirar hilo 4)

-Aven: Puff, menú del día...no me fío yo mucho. La última vez que fui a comer menú del día ponía que había fideua y me pusieron la tinta del pulpo nada más, porque fideos...pocos. (esto es de lo que te hablaba en "E.C" o en las "citas", que tengas cuidado y no se convierta en una entrevista la conversación, donde no paras de preguntar, sino que de vez en cuando metas alguna anécdota que, si te fijas, en esta es casi como si yo le hubiera preguntado cómo es el menú, porque ella me va a responder a eso, sin haberle preguntado directamente).

Y así sucesivamente.

Si te fijas, la gente que habla mucho, muy dicharachera o extrovertida, hacen esto sin darse cuenta. Es una habilidad que han ido desarrollando o aprendieron por imitación de alguien cercano, posiblemente, un familiar. Ya que, insisto, somos animales que aprendemos por imitación; de ahí que nuestro comportamiento se parezca muchas veces tanto a nuestros padres.

SEXUALIZAR, UNA LLAVE MÁGICA

Para aprender a sexualizar haz varias cosas: en primer lugar, consigue un buen libro o película de relatos o historias eróticas para la mujer, así verás qué es lo que realmente a ellas les excita. Esto te dará seguridad a la hora de sexualizar con una mujer, sin dudar si le estará incomodando o si te has pasado de la raya.

Y, en segundo lugar, realiza estos cuatro ejercicios que ahora te escribo en el orden que están.

1º SEXUALIZA A PARTIR DE UNA PALABRA (mentalmente)

Imagina que estás hablando con una mujer, y en la conversación aparece cualquiera de las siguientes palabras, dale la vuelta y saca una anécdota, historia o pregunta con sentido sexual directo o camuflado. Siempre sutil y educado, nunca grosero.

- Fresas con nata
- Cama
- Coche
- Playa
- Masaje
- Tocar un instrumento
- Sudar
- Noche
- Aventura
- Experiencia
- Internet
- Playa
- Luna
- Calor
- Bailar
- Emocionante
- Riesgo
- Chupar
- Acampada
- Barbacoa
- Campo
- Centro comercial
- Peluche
- Recuerdos

- Foto
- Vídeo
- Famoso
- Cantar
- Olor
- Sexo

2º NARRA UNA HISTORIA MENTALMENTE

A continuación, verás una serie de palabras. Realiza en tu mente una historia con sentido, igual que en el ejercicio de "no te quedes en blanco, maneja tú la conversación", pero a la última palabra que te aparece, sácale el doble sentido sutilmente como hiciste anteriormente.

- Casa, unicornio, bastón, vaso, estuche, cama.
- Cuerno, chocho, vomitar, cielo, surf, coche.
- Ordenador, tenis, uña, camiseta, melón, masaje.
- Lápiz, comprimir, fiesta, palmas, culo, tocar un instrumento.
- Estornudar, dedo meñique, chocolate, idea, sudar.
- Chupar, torre de pisa, suave, comida, correr.
- Grito, iglesia, nata, entrar, cristal, luna.
- Cerradura, nube, camión, mono, joya, aventura.
- Santo, guitarra, hada, duro, playa.
- Canal, enano, puta, victoria, calor.
- Carretera, follar, Dani, masaje, bailar.
- Instrumento, ropa, fiesta, hermana, comunión, noche.
- Moto, zanahoria, pantalón, sujetador, experiencia.
- Tanga, superman, paulina rubio, frotar, emocionante.
- Sola, caracol, pene, alcohol, ajedrez, campo.
- Cuadrado, cono, pata, diez, centro comercial.
- Comenzar, correr, punto, camino, cerrar, peluche.
- Saltar, puerta, perejil, hostia, salvar, recuerdos.
- Amor, puenting, canarias, salsa, foto.
- Mujeres, hablar, diversión, sexo, yo.
- Contar, mujer, exótico, experiencia, oportunidad, vídeo.
- Único, piso, mermelada, sobar, sacarse un moco, olor.
- Plaza, nata, saltamontes, hueco, famoso.
- Hueso, sucia, perra, camisón, misión, cantar.
- Arrastrar, camión, lengua, añadir, jugoso, Internet.
- Entretener, misa, correr, bonito, andaluz, fresas con nata.
- Solicitó, paracaídas, conejo, arena, sol, centro comercial.
- Luna, latir, cerveza, rascacielos, zanahoria, riesgo.

- 171

- Salida, perro, teléfono, oso de peluche, chupar.
- Camiseta, cerveza, idea, risa, interesante, sexo.

Haz tantas como quieras, o incluso añádele palabras a estas. Prepáralo un día antes, para que no te acuerdes de lo que pusiste.

3º CREA TU LA HISTORIA (sólo visualízalo)

Crea en tu mente una posible situación futura que se te pueda plantear, y sexualiza la conversación y la situación.

4º PARA PRACTICAR LA SUTILEZA

En este ejercicio quiero que digas lo que te voy a escribir, pero lo más educado y suave posible. No quiere decir que esto se lo vayas a decir, aunque seguro que alguna vez dirás alguna. Se trata de que seas capaz de conseguir recursos a la hora de soltar una cosa así lo más suave posible.

En realidad, ambos sabéis qué significa, pero se lo dices en su idioma.

Ejemplo:

- Me encantaría acotarme contigo. (Su idioma: *me encantaría sentirte*).
- Me pones.
- Tienes que ser muy buena en la cama.
- Me encantaría que me hicieras sexo oral.
- Quiero azotarte.
- Te he imaginado desnuda.
- Te he mirado los pechos y me encantan.
- Te he mirado el culo cuando te has dado la vuelta y me he excitado.
- Me encanta tu culo.
- ¿Tienes sexo muy a menudo?
- ¿Te masturbas mucho?
- ¿Quieres que verme desnudo?
- Quiero comerte desde los dedos de los pies.

Y, así, tantas como se te ocurran.

DIARIO DE REFUERZO Y SEGUIMIENTO

- **HASTA DÓNDE:** hasta qué punto de la escalada llegaste.
- **C.V:** contacto visual (nota del 1 al 10).
- **L.C:** lenguaje corporal (nota del 1 al 10).
- **T.V:** tono y claridad de tu voz (nota del 1 al 10).
- **G:** nota general de todo lo anterior (del 1 al 10).
- **VIS:** si visualizaste lo ideal que hubieras querido que pasara o no.
- **PR:** si te premiaste por lo que hiciste o no.
- **IDEAL:** resumen en una frase de lo ideal que hubieras querido que pasara.

Interactúa con mujeres tres veces al día y escribe aquí lo que ha pasado. Pudiendo así llevar un seguimiento de tus progresos y motivarte con ellos.

FECHA: 24-10-2011	HASTA DONDE: apertura	C.V	T.V	L.C	G	VIS	PR
IDEAL: No haberle esquivado la mirada y preguntarle por su hermana que me la nombró. Además podía haberle hecho "k.o".		6	5	7	6	X	SI
						NO	X

HASTA DONDE: kino intencionado		C.V	T.V	L.C	G	VIS	PR
IDEAL: Haber sexualizado y cerrar con facebook que no lo hice auqnue creo que hubiera sido posible. Y ante la duda, mejor intentarlo.		7	6	9	8	X	X
						NO	NO

HASTA DONDE:		C.V	T.V	L.C	G	VIS	PR
IDEAL:						SI	SI
						NO	NO

FECHA:	HASTA DONDE:	C.V	T.V	L.C	G	VIS	PR
IDEAL:						SI	SI
						NO	NO

HASTA DONDE:		C.V	T.V	L.C	G	VIS	PR
IDEAL:						SI	SI
						NO	NO

HASTA DONDE:		C.V	T.V	L.C	G	VIS	PR
IDEAL:						SI	SI
						NO	NO

FECKA:	I HASTA OOIIOE:	C.V	T.V	L.C	G	VIS	PR
IDEAl:						SI	SI
						HO	NO

HASTA OOIIDE:	C.V	T.V	I.C	G	VIS	PR
IDEA1:					SI	SI
					O	110

HASTA OOIIOE:	C.V	T.V	L.C	G	VIS	PR
IDEA1:					SI	SI
					NO	NO

FECKA:	1 HASTA DOIIDE:	C.V	T.V	I.C	G	VIS	PR
IDEAl:						SI	SI
						JO	NO

HASTA OOIIDE:	C.V	T.V	I.C	G	VIS	PR
IDEA1:					SI	SI
					rw	110

HA STA OOIIDE.:	C.V	T.V	I.C	G	VIS	PR
IDEAl:					SI	SI
					NO	NO

FECKA:	1HASTA DOIIDE:	C.V	T.V	I.C	G	VIS	PR
IDEAl:						SI	SI
						JO	NO

HASTA OOIIDE:	C.V	T.V	I.C	G	VIS	PR
IDEAl:					SI	SI
					to10	i10

HA STA OOIIDE.:	C.V	T.V	I.C	G	VIS	PR
IDEAl:					SI	SI
					NO	NO

FECKA:	1 HASTA OOHOE.	C.V	T.V	L.C	G	VIS	PR
IDEAI:						SI	SI
						HO	NO

HASTA OOIIDE:		C.V	T.V	I.C	G	VIS	PR
IDEA I:						SI	SI
						O	IIO

HASTA OOIIOE·		C.V	T.V	L.C	G	VIS	PR
IDEA I:						SI	SI
						NO	NO

FECKA:	1 HASTA DOIIDE:	C.V	T.V	I.C	G	VIS	PR
IDEAI:						SI	SI
						IO	NO

HASTA OOIIDE:		C.V	T.V	I.C	G	VIS	PR
IDEAI·						SI	SI
						rW	IIO

HA STA OOIIDE.:		C.V	T.V	I.C	G	VIS	PR
IDEAI:						SI	SI
						NO	NO

FECKA:	1 HASTA DOIIDE:	C.V	T.V	I.C	G	VIS	PR
IDEAI:						SI	SI
						IO	NO

HASTA OOIIDE:		C.V	T.V	I.C	G	VIS	PR
IDEAI·						SI	SI
						t:IO	IIO

HA STA OOIIDE.:		C.V	T.V	I.C	G	VIS	ER
IDEAI:						SI	SI
						NO	NO

FECKA: 1 HASTA OOIIOE:	C.V	T.V	L.C	G	VIS	PR
IDEAl:					SI	SI
					HO	NO

HASTA OOIIDE:	C.V	T.V	I.C	G	VIS	PR
IDEAl:					SI	SI
					O	110

HASTA OOIIOE:	C.V	T.V	L.C	G	VIS	PR
IDEAl:					SI	SI
					NO	NO

FECKA: 1 HASTA DOIIDE:	C.V	T.V	I.C	G	VIS	PR
IDEAl:					SI	SI
					10	NO

HASTA OOIIDE:	C.V	T.V	I.C	G	VIS	PR
IDEAl:					SI	SI
					IW	110

HASTA OOIIDE.:	C.V	T.V	I.C	G	VIS	PR
IDEAl:					SI	SI
					NO	NO

FECKA: 1 HASTA DOIIDE:	C.V	T.V	I.C	G	VIS	PR
IDEAl:					SI	SI
					10	NO

HASTA OOIIDE:	C.V	T.V	I.C	G	VIS	PR
IDEAl:					SI	SI
					wO	110

HASTA OOIIDE.:	C.V	T.V	I.C	G	VIS	PR
IDEAl:					SI	SI
					NO	NO

FECKA:	1 HASTA OOIIOE:	C.V	T.V	L.C	G	VIS	PR
IDEAL						SI	SI
						HO	NO

HASTA OOIIDE:		C.V	T.V	1.C	G	VIS	PR
IDEAI:						SI	SI
						O	110

HASTA OOIIOE.		C.V	T.V	L.C	G	VIS	PR
IDEAI:						SI	SI
						NO	NO

FECKA:	1 HASTA DOIIDE:	C.V	T.V	1.C	G	VIS	PR
IDEAI·						SI	SI
						10	NO

HASTA OOIIDE:		C.V	T.V	1.C	G	VIS	PR
IDEAI:						SI	SI
						rW	110

HA STA OOIIDE.:		C.V	T.V	1.C	G	VIS	PR
IDEAI:						SI	SI
						NO	NO

FECKA:	1 HASTA DOIIDE:	C.V	T.V	1.C	G	VIS	PR
IDEAL						SI	SI
						10	NO

HASTA OOIIDE:		C.V	T.V	1.C	G	VIS	PR
IDEAI:						SI	SI
						toO	110

HA STA OOIIDE.:		C.V	T.V	1.C	G	VIS	PR
IDEAI·						SI	SI
						NO	NO

3. *Recortes*:

Estas páginas que tienes a continuación son conceptos que ya te he escrito antes y que, para facilitarte el estudio, te pongo de nuevo aquí, pero con la página de atrás de cada uno, en blanco.

La finalidad de ponerte una cara de la página en blanco es que puedas recortarlas y ponerlas o llevarlas donde quieras.

ROCÓDROMO SENSEI

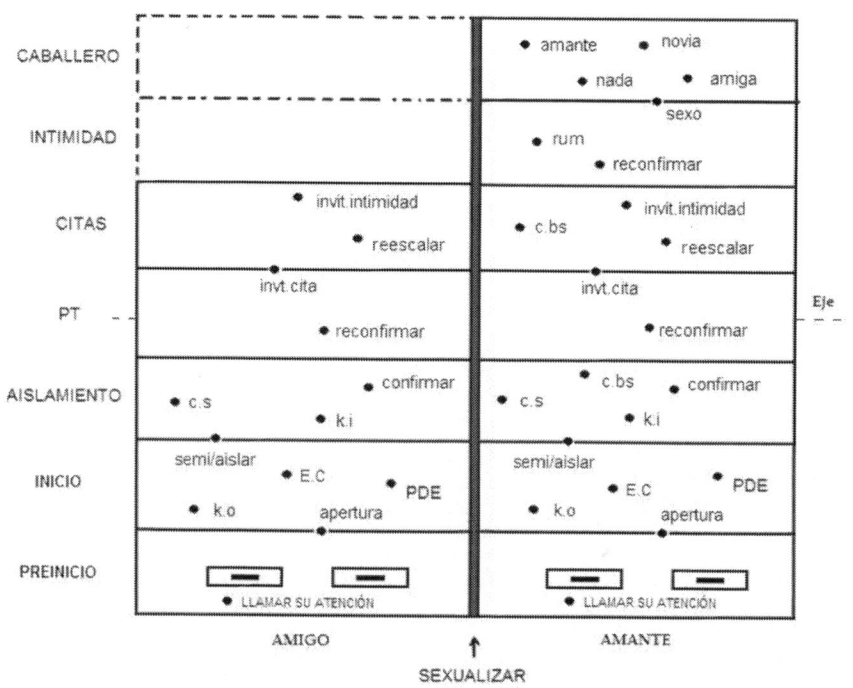

FECKA:	1 HASTA OOIIOE	C.V	T.V	L.C	G	VIS	PR
IDEAl:						SI	SI
						HO	NO

HASTA OOIIDE:	C.V	T.V	I.C	G	VIS	PR
IDEAl:					SI	SI
					O	110

HASTA OOIIOE:	C.V	T.V	L.C	G	VIS	PR
IDEAl:					SI	SI
					NO	NO

FECKA:	1 HASTA DOIIDE:	C.V	T.V	I.C	G	VIS	PR
IDEAl:						SI	SI
						IO	NO

HASTA OOIIDE:	C.V	T.V	I.C	G	VIS	PR
IDEAl:					SI	SI
					IW	110

HASTA OOIIDE.:	C.V	T.V	I.C	G	VIS	PR
IDEAl:					SI	SI
					NO	NO

FECKA:	1 HASTA DOIIDE:	C.V	T.V	I.C	G	VIS	PR
IDEAl:						SI	SI
						IO	NO

HASTA OOIIDE:	C.V	T.V	I.C	G	VIS	PR
IDEAl:					SI	SI
					toIO	110

HASTA OOIIDE.:	C.V	T.V	I.C	G	VIS	PR
IDEAl:					SI	SI
					NO	NO

- **Práctica de ejercicios de relajación.** Estos bajan el nivel de estrés general.

- **Realiza ejercicios de expresión**, el tono de voz y el uso de las pausas. Grabarnos leyendo o contando algo que hayamos visto en televisión, en la radio, en el periódico... expresando emociones, siendo subjetivos y cambiando el tono de voz. Esto, diez minutos al día unas cinco veces por semana.

- **Practica primero, con la familia y los amigos**, tus intervenciones en conversaciones, introduciendo elementos que impliquen comentarios personales, humor y opiniones atrevidas que luego podamos poner en práctica.

- **Haz ejercicios para mejorar tu autoestima.**

- **Familiarízate con la situación grupal** inscribiéndote en cursos, talleres, centros deportivos, centros de baile... y procura adquirir compromisos como reuniones de trabajo o eventos sociales.

- **Prémiate sistemáticamente** cada vez que hayas realizado un enfrentamiento a esas situaciones que tanto miedo o vergüenza te dan. El premio puede ser cualquier cosa, desde tu postre favorito para cenar a comprarte un barco.

- **Cógete un cuaderno** y ve apuntando cada día las cosas positivas que has logrado, por pequeñas que sean.

- **No hurgues en la herida**: es mejor concentrarse más en progresar que en criticarse a uno mismo.

- Cuando hables en situaciones, para ti, difíciles, **no te concentres en ti**, concéntrate en quien te escucha y habla lento y detallado en lugar de rápido, tal y como tu cuerpo te pediría.

- **No te exijas contraproducentemente** a ti mismo ser inteligente para los demás, sino que en vez de "rendir", debes cambiar la misión por "participar".

SER ASERTIVO ES UN DERECHO Y UN DEBER

- El derecho a ser tratado con respeto y dignidad.

- El derecho a tener y expresar los propios sentimientos y opiniones.

- El derecho a reconocer mis propias necesidades, establecer mis objetivos personales y tomar mis propias decisiones.

- El derecho a cambiar.

- El derecho a decir "no" sin sentirme culpable.

- El derecho a pedir lo que quiero, aceptando a la vez que me lo nieguen.

- El derecho a pedir información y ser informado.

- El derecho a cometer errores.

- El derecho a obtener aquello por lo que pagué.

- El derecho a ser independiente.

- El derecho de gozar y disfrutar.

- El derecho a triunfar

- El derecho a ser mi propio juez.

- El derecho a decidir el hacerme cargo o no de los problemas de los demás.

- El derecho de dar o no explicaciones sobre mi comportamiento.

- El derecho de no necesitar la aprobación de los demás.

- El derecho de no ser perfecto.

- El derecho a decidir no ser asertivo.

AUMENTA DE UNA VEZ TU AUTOESTIMA

- Ten claro que **quien define tu autoestima debes ser tú**. Debes trazar tus propias metas, proyectos e ideales, y no debes delimitarlos en base a lo que los demás crean, piensen o esperen de ti.

- Ten una **actitud positiva**, Pensar en negativo solo llevará a que veas todo peor de lo que realmente es. En las malas situaciones, es preferible tomarse unos minutos y buscarle el lado positivo a lo que ocurre, antes que caer en la desesperación y verlo todo negro.

- **Evita compararte obsesivamente con los demás**. Cada persona es única y, por lo tanto, debo evitar las comparaciones constantes. Quizás otras personas hacen algunas cosas mejor que tú; sin embargo, tú también tienes tus virtudes y realizas algunas actividades mejor que los demás.

- **Evita el perfeccionismo**. Nadie es perfecto. Es muy común pensar que un autoestima elevada está relacionada con la perfección, con ser bueno en todos los aspectos de la vida, tener éxito y conseguir muchos logros. Sin embargo, el perfeccionismo suele esconder personas con baja autoestima. Ponte metas reales y alcanzables, solo de esa manera se logrará mejorar el autoestima.

- **Acéptate tal y como eres incluidos tus defectos.** Eso no significa que debas conformarte y no hacer nada si está a tu alcance mejorar tus defectos y mejorar como persona.

- **Evita las generalizaciones**. No por el hecho de que te haya salido mal un examen debes pensar que no sirves para estudiar. Si alguien no te quiere como te gustaría, no debes pensar que nunca nadie te querrá. Es importante que evites estas generalizaciones porque muchas veces lo único que hacen es predisponerte negativamente. Aprende a ver cada situación como un hecho aislado y no pensar que porque algo ha salido mal, todo debe salir mal.

- **Evita mandarte** permanentemente **mensajes negativos**, al interiorizarlos y creértelos, acabas actuando de tal forma que propicias su cumplimiento.

GLOSARIO:

Hay algunos tecnicismos que no tienen escrita su procedencia, porque es imposible conocer la de todos.

- ALA: amigo de un aven, normalmente otro aven que nos ayuda a conseguir nuestro objetivo.

- AROS: trampas que nos ponen las mujeres para ponernos a prueba. Cuando pasamos por su aro le damos a entender que somos el típico tío y que ella es el premio.

- AVEN: artista venusiano, artista de las artes del amor y la seducción.

- BLOQUEADOR/BLOCAPOLLAS: persona que dificulta intencionadamente o no nuestra interacción con nuestro objetivo.

- CALIBRAR: lo que coloquialmente conocemos como tantear el terreno. Se trata de evaluar respuestas verbales y de comportamiento de una persona o grupo para saber con la mayor exactitud posible qué piensan o cómo se sienten. Procedencia: Richard Bandler y William Grinder.

- CDIS: confirmación de interés sexual que hace una mujer, ya sea verbal o no verbal. Como su propio nombre indica, son parecidos a los IDIs de los que hablábamos, pero en un contexto sexual. Pueden ser verbales o no verbales, como los IDIs.

Por lo tanto, un IDI en contexto sexual se convierte en CDIS, es decir, lo que en el rocódromo del amigo es un IDI en el rocódromo del amante es un CDIS.

Por ejemplo: Si después de decirle: "entonces ¿estudias medicina y te gusta el cine de acción? Dime que te gusta la cerveza y me caso contigo-...y entonces ella se ríe medio nerviosa y te da un golpecito en el hombro".

Esto último que antes sería un IDI, ahora se ha convertido en un CDIs. Y es entonces cuando estás escalando por el rocódromo del amante. Es como si ella dijera: "venga, escala por el rocódromo del amante". Procedencia: Sensei.

- CEBOS: un cebo es algo que le encanta a tu objetivo y querrá para ella. Ya sea un plan de cita, un beso, conocerte...

- CERRAR CON BESO: besarse. Procedencia: Mystery.

- CERRAR CON TELÉFONO: intercambiar teléfonos. Procedencia: Mystery.

- CREAR HIELO: ignorar a una mujer para que ella eche de menos tu atención.

- DISTORSIÓN TEMPORAL: es lo que conseguimos con las multicitas, pues le da la sensación de que la conocemos de más tiempo del que en realidad ha pasado. Es un término procedente de la hipnosis.

- ESCALADA: proceso que ocurre desde que no conoces a una mujer de nada, hasta que llegáis a ser novios, amigos con derecho o roce o simplemente un encuentro esporádico.

- HILOS: palabra o palabras de las que sacar una pregunta o contar una historia que tenga que ver, para seguir conversando y así poder escalar.

- HILOS DEDUCIDOS: Antes de acercarte a una mujer o a un grupo de gente, hay cosas que se puede saber de ellos y pueden ser hilos de los que tirar. Estos son los hilos deducidos. Prodecendia: Sensei.

- IDI: indicador de interés. Señales que realizan las mujeres, algunas más sutiles que otras, para indicarnos que están interesadas en nosotros.Procedencia: Mystery.

- LIMITE TEMPORAL: consiste en poner un límite de tiempo, dando a entender que solo estaremos con ellas durante ese tiempo, para que no piensen que nos hemos acercado a estar con ellas durante unas horas. Procedencia: Style.

- MAGUEAR: consiste en eliminar a nuestro competidor mediante técnicas físicas, verbales o psicológicas. Procedencia: Tyler Durden.

- MONOITIS: obsesión por una mujer con la que todavía no se ha salido.

- NEGA: afirmación ambigua o insulto aparentemente accidental que dirigimos a la mujer que nos gusta con el fin de demostrarle a ella y/o a sus amigos, que no estamos interesados en ella. Procedencia: Mystery.

- OBJETIVO: mujer a la que pretendemos seducir.

- PIVOTE: mujer, normalmente amiga nuestra que nos ayuda a seducir a nuestro objetivo. Ella también puede hacer funciones del ALA, además de darnos atracción y preselección.

- PRESELECCIÓN: esto quiere decir que ya has sido seleccionado anteriormente por otra mujer, lo que le da a entender entonces, que algo bueno tienes que tener.

- PUNTO DE EBULLICIÓN: se trata del estado en el que la mujer está lista para mantener relaciones sexuales. Este punto se va con facilidad, por eso utilizamos técnicas de "ritmo rápido" para mantener el máximo tiempo este punto. Procedencia: Tyler Durden.

- REGLA DE LOS 3 SEGUNDOS: se trata de una vez localizado nuestro objetivo, realizar nuestra apertura en menos de 3 segundos con la finalidad de reducir la ansiedad anticipatoria que no nos deja acercarnos.

-RUM: resistencia del último minuto. Es el momento en que estando a punto o cerca de comenzar el acto sexual la mujer da a entender al hombre directa o indirectamente, que no va a pasar.

- SARGEAR: ligar o seducir a una mujer, salir a ligar.

- SET: grupo de personas. Puede ser de dos, tres, cuatro...y también pueden ser sets mixtos, que son los formados por hombres y mujeres.

- SEXUALIZAR: crear tensión sexual.

- TB: tía buena. A menudo va seguido de un valor numérico. No es con afán de verlas como objetos, sino de calibrar su comportamiento, pues las que tienes la valoración numérica parecida se suelen comportar similar.

- TTF: típico tío frustrado. En la comunidad española se conoce como frusco: frustrado común. Procedencia: Ross Jeffries.

AGRADECIMIENTOS:

En primer lugar, por supuesto, dar las gracias a mi familia porque soy consciente de lo que han influido en mi vida, y sin ellos este libro jamás existiría.

Gracias también a mis amigos, mi segunda familia, por lo que hemos vivido juntos (bueno y malo) y lo que nos queda.

Quiero dar las gracias, también, a todas aquellas personas con las que he compartido mi día a día, pues vuestra influencia también ha sido muy importante.

Agradecer a todos los hombres que he conocido, y con los que he hablado de mujeres, resolviendo ellos mis dudas o resolviéndoselas yo, porque de todos he aprendido.

Por último dar las gracias a las mujeres que me han rechazado, o no se han sentido atraídas por mí, a pesar de mi intento, porque con vosotras he aprendido muchísimo.

Y por supuesto, dar las gracias a aquellas mujeres con las que sí he compartido momentos únicos de mi vida, porque vosotras me animáis a seguir aprendiendo.

BIBLIOGRAFÍA:

BOOTHMAN, NICOLÁS, *Cómo caer bien a los demás en menos de 90 segundos*, Oniro, Barcelona, 2011.

BRANDEN, NATHANIEL, *Cómo mejorar su autoestima*, Paidos Ibérica, 2010.

CARRETERO, JOSÉ A. *La conquista del dragón: vence tus miedos*, MTM Metafísica Del Tercer Milenio, Barcelona, 2003.

DE ANGELO, DAVID, *Dobla tus citas (Doble your datings)*, Nueva York, 2001.

GRAY, JHON, *Los hombres son de Marte y las mujeres son de Venus*, Debolsillo, Barcelona, 2003.

GRAY, JHON, *Marte y Venus en el dormitorio*, Debolsillo, Barcelona, 2003.

JEFFRIESS, ROS, *Cómo llevar a la mujer que te gusta a la cama (Hoy to get the women you desire into bed)*, Jeffries Publishing, Sydney, 1992.

LUNA, MARIO, *SexCrack*, Espasa-Calpe, Madrid, 2009.

MURPHY, JOEPH, *El poder de la mente subconsciente*, Open Project, Sevilla, 2001.

PEASE, ALLANY BÁRBARA, *La comunicación no verbal*, Alianza editorial, Madrid, 2006.

PEASE, ALLANY BÁRBARA, *Por qué los hombres no escuchan y las mujeres no entienden los mapas*, Amat Editorial, Barcelona, 2004.

STRAUSS, NEIL, *El método*, Editorial Planeta, Barcelona, 2009. (Publicado en América en el 2004).

STRAUSS, NEIL, *Domina el método en 30 días*, Editorial Planeta, Barcelona, 2010. (Publicado en América en el 2007).

TURCHET, PHILLIPE, *El lenguaje del cuerpo*, Mensajero, Bilbao, 2004.

TURCHET, PHILLIPE, *El lenguaje de la seducción*, Amat Editorial, Barcelona, 2005.

TURCHET, PHILLIPE, *Programación Neulo-lingüística en una semana*, Ediciones Gestión, Barcelona, 2005.

VITALIO, DEREK, *Ciencia de la Seducción*. Volumen I.

VITALIO, DEREK, *Ciencia de la Seducción*. Volumen II.

VITALIO, DEREK, *Ciencia de la Seducción*. Volumen III.

VON MARKOVIK, ERIC (Mystery), *Las artes venusianas*, (ebook), 2005.

VON MARKOVIK, ERIC (Mystery), *El secreto*, Vía Magna, Barcelona, 2007.

VON MARKOVIK, ERIC (Mystery), *El maestro de la seducción*, Vía Magna, 2010.

WISEMAN, RICHARD, *59 segundos para pensar*, Círculo de lectores, 2009.

Otros recursos:

www.tafor.net (curso de habilidades sociales)

www.psicoactiva.com

www.webusable.com

www.muyinteresante.es

www.wikipedia.org

Me despido pidiéndote un favor:

Todo gran poder conlleva una gran responsabilidad, úsalo para el bien y no para el mal.

PD: Bienvenido a Matrix

Continuará….

Made in the USA
Middletown, DE
17 July 2019